3. Ich und du, wir dreh'n uns immerzu.
Das wird ein schöner Tag,
weil jeder jeden mag.

Refrain:
Guten Tag, liebe Leute! Guten Tag...

4. Ich und du, wir kommen jetzt zur Ruh'.
Das wird ein schöner Tag,
weil jeder jeden mag.

Refrain:
Guten Tag, liebe Leute! Guten Tag!

● Kreisspiel zum Lied

Bei diesem einfachen Begrüßungslied
stehen oder sitzen alle Kinder im Kreis.
Eines singt vor: „Guten Tag, liebe Leute!"
Alle antworten: „Guten Tag!" und geben
sich dabei die Hände. Bei „Wir laden alle
ein" zeigt jeder auf jeden. Bei „Wir wollen
fröhlich sein" lachen sich alle an. Die 2.
und 3. Strophe werden einfach nachgespielt. Bei der 4. Strophe kommen alle in
die Kreismitte, legen dabei die Arme
umeinander und bewegen sich dann ganz
sanft hin und her.

● Begrüßungsspiel
„Gute-Laune-Trunk"

Jedes Kind bekommt eine Plastiktasse und einen Löffel. Es darf probeweise schon einmal in der Tasse gerührt werden. Die Tasse wird nun gefüllt, es wird der „Gute -Laune- Trunk" gemixt. Jedes Kind darf pantomimisch die Zutaten in seine Tasse geben. Über die Zutaten, die hineingegeben werden, entscheiden alle gemeinsam.

Beispiele für Zutaten:
Eine Prise „Fröhlichkeit".
Zwei Schuß „vertragen wollen".
Drei Tropfen „teilen wollen".
Eine Prise „miteinander spielen wollen".
Vier Schuß „gute Ideen".

Das Ganze wird nun mit einem Löffel verrührt. Anschließend dürfen alle einen Schluck von dem Trunk probieren. Und schon kommt gute Laune auf.
PROST!

● Bastelspiel
„Gute-Laune-Nase"

Aus einer Eierwabe wird ein Hütchen herausgeschnitten und mit roter Wasserfarbe angemalt. Daran wird ein Gummi befestigt. Fertig ist die „Gute-Laune-Nase".
Diese kann jeden Morgen während der Begrüßungslieder getragen werden. Ein „Kitzel-Grimassen-Streichelspiel" im Kreis leitet die Begrüßungsphase ein. Die Kinder können sich durch kitzeln, streicheln oder Grimassen schneiden wachmachen. Die Nase kann man auch als Hut, Beule, Augenklappe, Pickel usw. verwenden.
Zur Aufbewahrung der Nasen kann ein „Gute-Laune-Baum" aufgestellt werden. An ihm wachsen die „Gute-Laune-Nasen". Es muß kein Baum sein, ein schöner Zweig erfüllt den gleichen Zweck.

Vorwort

„KOMM, SPIEL MIT MIR!"

Wir alle, die täglich pädagogische Arbeit leisten (Eltern, Großeltern, Tagesmütter, Spielgruppenleiter/innen und Erzieher/innen u.a.), kennen diesen Aufforderungssatz. Er überrascht jeden zu jeder Tageszeit. Das Spielbedürfnis der Kinder kennt keine Uhrzeit, keinen Tagesrhythmus, keinen Feierabend und kein Wochenende. Spielen wollen Kinder immer und überall und oft nicht nur allein, sondern mit vielen Spielkameraden; denn dann macht es noch mehr Spaß! Das erfordert von jedem Erwachsenen große Anpassungsfähigkeit. Er muß seine Fähigkeiten immer und überall einsetzen.

Flexibilität, Kreativität, viel Phantasie, die Fähigkeit, schnell organisieren zu können und gezielt auf das Spielbedürfnis der Kinder einzugehen, das alles zeichnet einen „guten Pädagogen" aus. Dabei darf auch der Aufwand nicht zu groß und der Geldbeutel nicht zu stark beansprucht werden. Kochlöffel, Deckel, Salz und Fettcreme hat jeder schnell zur Hand und kann damit schon so manchen Spielwunsch der Kinder befriedigen.

Obwohl die Regale in den Spielzimmern vollstehen, sind oft andere, kostengünstigere und phantasiefördernde Lieder, Spiele, Verse und andere Ideen viel ansprechender und begeistern ohne großen Aufwand.

Mit diesem Buch voll schöner Ideen soll allen geholfen werden, die das Spielbedürfnis der Kinder ernst nehmen und jede Spielezeit in eine „schöne" Spielezeit verwandeln wollen.

Ingrid Biermann

Inhalt

Begrüßungsspiele

Lied: Guten Tag, liebe Leute 6
Kreisspiel zum Lied 7
Begrüßungsspiel: Gute-Laune-Trunk 8
Bastelspiel: Gute-Launen-Nasen 8
Bewegungsspiel:
Alois, der Morgenmuffel 9
Kreisspiel zum Lied: Tripp-Trapp
(Nach der Melodie von "Kuckuck, kuckuck, ruft's aus dem Wald") 10
Klangspiel: Das Kochlöffel-Deckel
Klapperkonzert 11

Spiel und Bewegung

Lied: Lied vom Wackelpudding 12
Lustige Wackel- und Wettspiele für eine
Kinderparty 14
Wackelige Turn-, Bau- und Bewegungsspiele 14
Bewegungsspiel zum Lied: Der wackelige Pingiun (Nach der Melodie von „Jakob ist ein Zottelbär") 15
Bastelideen für Erwachsene:
Das märchenhaft Schüttelglas 16
Kugelschieben 16
Ratespiel:
Wer hat Ohren wie ein Fuchs 16
Pantomimisches Spiel:
Die Wackelente Quak 17
Lied: Das kleine Känguruh 18
Bewegungs- und Lernspiel zum Lied ..19
Bastelvorschlag: Im Maskentheater 20
Wurfspiel: Das Großmaul 20
Backrezept: Bärentatzen 20
Fingerspiel: Im Fingerland 21
Tanzlied zum Lied: So stampfen alle
Tiere (Nach der Melodie von „Zeigt her eure Füße") 22

Kreisspiel zum Lied: Es hüpft ein
Känguruh *(Nach der Melodie von
„Es geht eine Zipfelmütz")*......................22
Bewegungsspiel zum Lied: Alle Tiere
hier im Kreis *(Nach der Melodie von „Alle
Vögel sind schon da")*............................23
Bastelvorschlag für Tiermasken..........23
Lied:
Kennt ihr den Ri-Ra-Rennemann ... 24
Bewegungsspiele:
Der Schwimmflossenlauf....................26
Insektenjagd..26
Malspiele: Das Mi-Ma-Mondgesicht...26
Malen mit verbundenen Augen 26
Malen mit links und mit den Zehen...26
Tastmalerei..26
Schlenkerspiel: Der Schlenkerwilli......27
Kriechspiele: Die Schnecke Luise.........27
Der Schneckenwettlauf........................28
Bauspiel: Der lustige Turmbau...........28
Wurfspiel: Turmwerfen.......................28
Pustespiele: Mit Luftballons 28
Mit Wattebällchen..............................29
Fingerspiele: Das kleine, blaue
Segelschiff..29
Lustige Käferkrabbelei.........................30
Fingerdruck: Ki-Ka-Käferkrabbelei......30
Bewegungspantomime zum Lied:
Tra-Tri-Ro *(Nach der Melodie von
„Ra-Ri-Rutsch")* 31

Spielmotivation

Lied:
Fernseh'n gucken - muß das sein? ..32
Verkleidungsspaß: Wir lassen heut das
Fernseh'n aus 34
Wir machen selbst Knete....................35
Einladung zum Pfützenspaziergang...35
Selbstgemachtes Popcorn 35

Zauberspiele

Lied: Aus meinem Zauberkoffer.......36
Zauberspiel zum Lied..........................37
Malespiele:
Kommt, wir machen Zauberbilder......38
Die Zauberbotschaft...........................38
Malen mit der Zauberpuste................38
Lustige Zaubertiere.............................38
Kreisspiel mit Schminke:
Das verzauberte Gesicht.....................39
Selbsthergestellte Schminke...............39
Kreis- und Bewegungsspiel:
Lirum, Larum, Löffelstiel.....................40
Kreis- und Bewegungsspiel zum Lied:
Ein kleiner Zaubermeister *(Nach der
Melodie von „10 kleine Negerlein")* 41
Turn- und Bewegungsspiel: Manege frei
für die große Zauberei 42
Zauberbeispiele 43

Umweltspiele

Lied:
Wie ich der Umwelt helfen kann.....44
Bewegungsspiel mit Klängen:
Morgens scheint die Sonne 46
Verpackungsspiel: M-ü-l-l 47
Rätsel- und Verwertungsspiel:
Die Blechdose......................................48
Fingerspiel: Der Fisch Penelope..........49

Spiele zum Stillewerden
und Träumen

Lied:
Ich will mit den Wolken wandern...50
Eutonische Übungen zum Lied...........51
Eutonische Spiele mit einem Partner:
Wie auf Wolken schweben..................52

Streichelspiel....................................52
Vertrauensspiel.................................52
Körperklopf- und Knetspiel............52
Berührungskette.............................52
Das Glockenspiel............................53
Kreis- und Bewegungsspiel:
Ich sitze hier 54
Bastelvorschlag:
Schäfchendruck...............................54
Tanzspiel: Der Wolkentanz 55
Fingerspiel: Das weiche Wolkenhaus..55

Schwimm- und Wasserspiele

Lied: Hallo, kleiner Wal 56
Spielvorschlag zum Lied 57
Allgemeines...58
Wasserspiele zu Hause 58
Wasserspiele im Schwimmbecken.......58
Weitere Wasserspiele 58
Wasserspiel: Der fliegende Fisch 59
Geschichte: Pitsch und Ina.................59
Angelspiele:
Fische aus Styropor............................60
Schwammfische für die Badewanne...60
Fischmobile aus Topfschwämmen......60
Finger- und Bewegungsspiel:
Viele kleine Fische 60
Regenwetterspiel zum Lied: A,a,a, der
Winter, der ist da (Nach der Melodie
von „A, a, a, der Winter, der ist da")......61

Zahlenspiele

Lied: Das Zahlenlied..........................62
Spielvorschlag zum Lied 63
Lustiges Zahlenfingerspiel 64
Spiele mit Zahlenkarten:
Zahlen- und Bewegungsturnen 65

Zahlenhopsen 65
Der Zahlenheini.................................65
Der Zahlenlauf...................................66
Zahlenpaare suchen sich 66
Zahlenmonopoly.................................66
Die Zahlenhand.................................66
Malen mit Zahlen 67

Spaß und Phantasie

Lied:
Herr Ribbel von der Waterkant 68
Spielvorschlag zum Lied 69
Eine spannende Reimgeschichte........70
Eine geräuschvolle Geschichte...........70
Die merkwürdige Geschichte vom
Ritter Eisenhart.................................71
Eine lückenhafte Geschichte...............72
Die spaßige Geschichte von Hipp
und Hopp 73

Verabschiedungsspiele

Lied: Das Spiel ist nun zu Ende........74
Spielvorschlag zum Lied.................... 74
Der Verabschiedungstrunk..................75
Der Verabschiedungskuß.................... 75
Bewegungsspiel zum Lied: Denn der
Tag geht zur Ruh (Nach der Melodie
von „Kommt ein Vogel geflogen") 76
Kreisspiel: Das Tränentuch..................76
Bewegungsspiel zum Lied:
Hört alle Kinder (Nach der Melodie von
„Hänsel und Gretel")............................77
Kreisspiel: Die Abschiedsspinne..........77
Abschiedslied:
Alle Kinder hier im Kreis (Nach der
Melodie von „Alle Vögel sind schon
da")..78

Guten Tag, liebe Leute!

Text und Musik: Detlev Jöcker

Refrain:
Guten Tag, liebe Leute! Guten Tag!
Wir spielen wieder heute. Guten Tag!
Wir laden alle ein. Guten Tag!
Und wollen fröhlich sein. Guten Tag!

2. Ich und du, wir klatschen immerzu.
Das wird ein schöner Tag,
weil jeder jeden mag.

Refrain:
Guten Tag, liebe Leute! Guten Tag...

● Bewegungsspiel
„Alois, der Morgenmuffel"

Hinweis:
Dieses Spiel kann von einem oder mehreren Kindern nachgespielt werden.
Der Spieltext wird laut vorgelesen. Der erste Teil sollte langsam und schleppend gesprochen werden, um ein Gefühl von Schläfrigkeit zu vermitteln.

Teil 1:
Es ist früh am Morgen, und die Sonne geht auf.
- Die Hände werden langsam nach oben geführt. -

Alois liegt im Bett und schläft.
- Der Kopf wird auf die gefalteten Hände gelegt, und alle schnarchen. -

Sanft kitzeln die Sonnenstrahlen Alois Nase.
- Die Nase des Nachbarn wird mit den Fingerspitzen berührt. -

Alois muß niesen. *- Alle niesen. -*

Hinweis:
Der folgende Text gibt Bewegungen, Mimik und Gestik vor.
Langsam reckt und streckt sich Alois, reibt seine Augen, gähnt laut und steht gemächlich auf. Er geht ins Bad, wäscht sein Gesicht, putzt seine Zähne, gurgelt und gähnt wieder. Immer noch müde geht Alois zurück in sein Zimmer.
Er kommt an einem großen Spiegel vorbei, schaut hinein und sieht einen Morgenmuffel, der ein schrecklich gelangweiltes Gesicht macht.
Alois hält sich vor Schreck die Augen zu und ruft **ganz laut:** „Oh nein, oh nein, das darf nicht sein!"

Hinweis:
Der 2. Teil wird schneller und lebendiger vorgetragen und gespielt.

Teil 2:
Nun soll alles anders werden. Sofort macht Alois ein fröhliches Gesicht, läuft pfeifend in sein Zimmer und zieht schnell Hose, Pulli und Schuhe an. Danach springt er hoch in die Luft, klatscht in die Hände und läuft hinaus in die Sonne. Dort springt und hüpft er den ganzen Tag herum. Abends liegt Alois im Bett und schläft mit einem Lächeln im Gesicht ein.

Nach der Melodie von „Kuckuck, Kuckuck, ruft's aus dem Wald"

Tripp -Trapp

Text: Ingrid Biermann / Musikbearbeitung: Detlev Jöcker

2. Tripp -Trapp - Tripp - Trapp, ich wink dir zu. - *Die Kinder winken sich zu.* - *
Tripp -Trapp - Tripp - Trapp, jetzt winkst auch du.
Lasset uns singen und fröhlich springen.
Tripp -Trapp - Tripp - Trapp, ich wink dir zu. - *Die Kinder winken sich zu.* -

3. Tripp -Trapp - Tripp - Trapp, ich faß dich an. - *Die Kinder fassen sich an.* -
Tripp -Trapp - Tripp - Trapp, wir tanzen dann.
Lasset uns singen und fröhlich springen.
Tripp -Trapp - Tripp - Trapp, ich faß dich an. - *Die Kinder fassen sich an.* -

4. Tripp -Trapp - Tripp - Trapp, ich streichel dich. - *Die Kinder streicheln sich.* -
Tripp -Trapp - Tripp - Trapp, jetzt freu ich mich. - *Die Kinder springen hoch.* -
Lasset uns singen und fröhlich springen.
Tripp -Trapp - Tripp - Trapp, ich streichel dich. - *Die Kinder streicheln sich.* -

• Kreisspiel zum Lied

Die Kinder stehen bei diesem Spiel in einem Kreis. Bei „Tripp - Trapp" stampfen sie abwechselnd mit dem rechten und dem linken Fuß auf den Boden. Die anderen Bewegungen gibt der Text an oder sie sind beschrieben.

● Klangspiel
„Das Kochlöffel-Deckel-Klapperkonzert"

Sprechen:
Das Kochlöffel-Deckel-Klapperkonzert
hat uns heute riesige Freude beschert.

Singen:
Bumm, päng, päng!
Bumm, päng, päng!
Bumm, päng, päng, bumm!

Sprechen:
Kommt, jetzt machen alle richtig viel
Krach, dann werden unsere Langschläfer
wach.

Singen:
Bumm, päng, päng...

Sprechen:
Das Kochlöffel-Deckel-Klapperkonzert, es
gibt keinen hier, der es nicht gerne hört.

Singen:
Bumm, päng, päng...

Sprechen:
Mit lautem Geklapper laden wir ein, jeder
kann heute hier Mitspieler sein.

Singen:
Bumm, päng, päng...

Material:
Mit Küchengeschirr, Besteck und anderen
Dingen aus dem Haushalt begleiten die
Kinder das Spaßlied. Zuerst singen sie eine
Melodie auf einem Ton. Daraus entwickeln
sich oft eigenständige und neue Melodien.
Die einzelnen Strophen werden gespro-
chen. Dabei spielen die Instrumente leise
weiter.

Das Lied vom Wackelpudding

Text und Musik: Detlev Jöcker

Refrain:
Wackelpudding, Wackelpudding,
wackel hin und her.
Wackelpudding, Wackelpudding,
werden immer mehr.
Wackelpudding, Wackelpudding,
niemand hält mehr still,
weil jeder diesen schönen Tanz
noch einmal tanzen will.

2. Fassen wir uns an die Arme,
halten wir sie fest,
dann wackelst du, dann wackelst du,
mit mir gleich um die Wett'.

Refrain: Wackelpudding,
Wackelpudding...

3. Fassen wir uns an die Nase,
halten wir sie fest,
dann wackelst du, dann wackelst du,
mit mir gleich um die Wett'.

Refrain: Wackelpudding,
Wackelpudding...

5. Fassen wir uns an die Knie,
halten wir sie fest,
dann wackelst du, dann wackelst du,
mit mir gleich um die Wett'.

Refrain: Wackelpudding,
Wackelpudding...

6. Fassen wir uns an im Kreise,
halten wir uns fest,
dann wackelst du, dann wackelst du,
mit mir gleich um die Wett'.

Refrain: Wackelpudding,
Wackelpudding...

4. Fassen wir uns an die Ohren,
halten wir sie fest,
dann wackelst du, dann wackelst du,
mit mir gleich um die Wett'.

Refrain: Wackelpudding,
Wackelpudding...

● Lustige Wackel- und Wettspiele für eine Kinderparty

1. Auf einem flachen Teller Wasser transportieren.
2. Mit einem Teelöffel Kartoffeln transportieren.
3. Auf einem Tuch einen Luftballon transportieren.
4. Auf einem Tennisschläger einen Ball transportieren.
5. Auf der flachen Hand ein gekochtes Ei transportieren.
6. Wackelpudding auf einem Löffel transportieren und in Schälchen verteilen.
7. Luftballons mit Wasser füllen und auf einem Brettchen transportieren.
8. Zwischen zwei Löffeln einen Tischtennisball halten und ihn transportieren.

● Wackelige Turn-, Bau- und Bewegungsspiele

1. Matratzen werden aufeinandergestapelt.
Wer hat den Mut, auf diesen Matratzenturm zu klettern, sich hinzustellen und herunterzuspringen?

2. Luftballons werden an einem Reifen, der unter der Decke hängt, befestigt. Ein Trampolin wird darunter gestellt. Mit einem Stock, an dem ein Nagel befestigt ist, versucht nun ein Kind, hopsend den Luftballon zu zerstechen.
Achtung!
Den Reifen nicht zu hoch hängen, damit beim Springen keine Gefahr besteht, daß die Kinder sich verletzen können.

3. Es werden Türme aus Bauklötzen, Kissen oder Büchern gebaut. Bei wem kippt der Turm zuerst?

4. Geschicklichkeitsspiel mit Laufdosen. Die Kinder gehen um Hindernisse herum und versuchen, diese nicht umzuwerfen.

5. Eine Leiter wird auf zwei Kästen gelegt. Die Kinder versuchen, mit verbundenen Augen darüber zu krabbeln.

6. Die Kinder werden in zwei Gruppen aufgeteilt. Jedes Kind bekommt ein Zehnpfennigstück. Nun wird auf eine Milchflasche ein flacher Teller aus Plastik gestellt. Die Kinder sollen nun versuchen, ihr Geldstück aus einer bestimmten Entfernung auf den Teller zu werfen. Bei welcher Mannschaft fällt der Teller zuerst?

Nach der Melodie von „Jakob ist ein Zottelbär"

Der wackelige Pinguin

Text: Ingrid Biermann / Musikbearbeitung: Detlev Jöcker

1. Pit- sche, patsch, schaut mich mal an, wie ich lus- tig
wak- keln kann. Pit- sche, patsch, schaut mich an,
wie ich lus- tig wak- keln kann.

2. Pitsche, patsch, kommt, schaut mal her,
wackeln ist ja gar nicht schwer.
Pitsche, patsch, schaut mal her,
wackeln ist ja gar nicht schwer.

3. Pitsche, patsch, nun wackelt mit,
hin und her im Wackelschritt.
Pitsche, patsch, wackelt mit,
hin und her im Wackelschritt.

4. Pitsche, patsch, so wackeln wir,
hoffentlich gefällt es dir.
Pitsche, patsch, wackeln wir,
hoffentlich gefällt es dir.

5. Pitsche, patsch und rundherum,
Pinguine fallen um.
Pitsche, patsch, rundherum,
Pinguine fallen um.

● Bewegungsspiel
„Der Wackelschritt"

Die Kinder halten ihre Arme links und rechts neben ihren Körper, zeigen mit den Fingern nach außen und machen kleine Trippelschritte.
Dabei können sie zwischendurch ihre Arme wie Flügel seitlich anheben. Der Tanzablauf wird mit den Kindern zusammengestellt. Zum Schluß gehen alle in die Hocke.

● Bastelideen für Erwachsene
„Das märchenhafte Schüttelglas"

Material:
- Fimo in mehreren Farben
- ein Marmeladenglas mit Deckel
- wasserfester Klebstoff
- weiße Wachsmalstifte oder -reste
- ein Messer

Arbeitsvorgang:
Aus Fimo wird ein Motiv geformt und gebrannt. Zerkleinern Sie mit einem Messer die weißen Wachsmalstifte zu Flocken. Das Motiv wird auf die Innenseite des Deckels geklebt. Nun können Sie das Glas mit Wasser füllen und die Wachsflocken dort hineinschütten. Jetzt wird das Glas fest zugeschraubt. Danach darf gewackelt werden.
Viel Spaß!

● Ratespiel
„Wer hat Ohren wie ein Luchs?"

Material:
Sammeln Sie Filmdosen aus Plastik. Füllen Sie immer zwei mit dem selben Material (Steinchen, Knöpfe, Nägel, Perlen, Holzkugeln usw.).
Nun muß der Spieler durch Schütteln die Geräuschdosen finden, die zusammen gehören. Die Dosen können noch mit Lackmalstiften bemalt werden. Der Phantasie sind dabei keine Grenzen gesetzt.
Na, wer ist der Luchs?

● „Kugelschieben"

Material:
- ein Holzbrett (Größe 30 x 30 cm)
- schmale Holzleisten
- Holzleim
- eine Glas-, Holz- oder Gummikugel

Arbeitsvorgang:
Die Holzleisten werden wie ein Labyrinth angeordnet. Nach dem Trocknen kann nun die Kugel durch diese Wege geleitet werden, bis sie an einem Ende herausfällt.

● Pantomimisches Spiel
„Die Wackelente Quak"

Die kleine Wackelente Quak
hat heute einen schlechten Tag.
Die Schmetterlinge flattern stumm
um unser Entchen Quak herum.
Doch sie hat heut an gar nichts Spaß,
sitzt nur ganz faul im grünen Gras.

Sie geht auf einen dicken Stein
und schaut betrübt ins Wasser 'rein.
Sie will heut gar nicht schwimmen
gehn,
auch nicht auf ihren Beinen stehn.
So schlapp fühlt sich das Entchen Quak,
heut ist ein wirklich schlimmer Tag.

An ihr zupft plötzlich etwas 'rum,
das Entchen Quak dreht sich herum.
Ein and'res Entchen spricht sie dann
sehr freundlich von der Seite an:
„Du, komm doch mit und schwimm
mit mir,
ich glaube, das gefällt auch dir."

Das Entchen Quak steht langsam auf
und wackelt dann mit viel Geschnauf
geradewegs zum klaren See,
das Wasser ist sehr kalt, oh weh!
Hier will das Entchen nicht hinein,
denn schwimmen, das muß heut nicht
sein.

Die and're Ente springt, oh je,
kopfüber in den kalten See.
Sie plantscht und spritzt, ja, das macht
Spaß.
Auch unser Entchen Quak wird naß
und springt, schwups, in den See hinein,
das Schwimmen ist ja doch sehr fein.

Schaut, wie die beiden sich verstehn,
gemeinsam schwimmen, das ist schön.
Erst abends, als der Mond erwacht,
sagen sich beide: „Gute Nacht!"
Und Entchen Quak schläft friedlich ein,
ja, dieser Tag war wirklich fein.

Spielablauf:
Zunächst werden den Kindern mehrere
Paar Schwimmflossen bereitgestellt, mit
denen sie den Watschelgang üben kön-
nen.
Danach wird diese Geschichte gespielt.
Der Text gibt die Bewegungen vor. Zum
Schluß kann nach einer beliebigen
Musik ein Ententanz gemacht werden.
Bastelarbeit:
Aus Faltpapier werden Enten geformt
und Blumen geschnitten. Mit Wasser-
farbe kann man dann auf einem
Tapetenrest einen großen See malen.
Nun werden die Enten und Blumen auf
und um den See geklebt. So entsteht ein
wunderschönes Wandbild.

Das kleine Känguruh

Text und Musik: Detlev Jöcker

1. Das klei- ne Kän- gu- ruh, das hüpft doch im- mer-
zu. So hoch es kann, hopp, hopp. So weit es kann,
hopp, hopp. So schnell es kann, hopp, hopp, hopp. Das klei- ne Kän-gu-
ruh, das hüpft doch im- mer- zu.

2. Der kleine Elefant,
seht nur, wie er jetzt stampft.
So fest er kann, bumm, bumm.
So weich er kann, bumm, bumm.
So schnell er kann, bumm, bumm,
bumm.
Der kleine Elefant,
seht nur, wie er jetzt stampft.

3. Der kleine Schäferhund,
der treibt es wirklich bunt.
So laut er kann, wau, wau.
So leis' er kann, wau, wau.
So schnell er kann, wau, wau, wau.
Der kleine Schäferhund,
der treibt es wirklich bunt.

4. Die kleine, schwarze Katz',
die macht so gern Rabatz.
So frech sie kann, miau, miau.
So bös sie kann, miau, miau.
So schnell sie kann, miau, miau,
miau.
Die kleine, schwarze Katz',
die macht so gern Rabatz.

5. Der kleine Kuschelbär,
liebt kuscheln wirklich sehr.
So zart er kann, musch, musch.
So lieb er kann, musch, musch.
So schnell er kann, musch, musch,
musch.
Der kleine Kuschelbär,
liebt kuscheln wirklich sehr.

● Bewegungs- und Lernspiel zum Lied

Dieses Lied bringt Kinder durch seine lustigen und phantasieanregenden Geschichten sofort in Bewegung.
Darüber hinaus kann man mit diesem Lied auch spielerisch Gegensätze in Sprache und Bewegung umsetzen.

Strophe 1

So hoch es kann...
   - *Hoch springen* -
So weit es kann...
   - *Weit springen* -
So schnell es kann...
   - *Schnell springen* -

Strophe 2

So fest es kann...
   - *Fest mit den Füßen auftreten* -
So weich es kann...
   - *Weich mit den Füßen auftreten* -

Strophe 3

So laut er kann...
   - *Laut bellen* -
So leis' er kann...
   - *Leise bellen* -

Strophe 4

So frech sie kann...
   - *Frech miauen und die Krallen zeigen* -
So bös sie kann...
   - *Laut miauen und an der Kleidung
   eines anderen Kindes kratzen* -

Strophe 5

So zart er kann...
   - *Sich gegenseitig streicheln* -
So lieb er kann...
   - *Sich gegenseitig in den Arm nehmen
   und sanft drücken* -

● Bastelvorschlag für Tierköpfe
„Im Maskentheater"

Materialien:
- große Tortenplatten aus Pappe
- Plakafarbe, Pinsel
- Woll,- Stoff,- Kordel- und Bortenreste
- Korken oder Wattekugeln
- Schere, Gummiband, Locher

Mit den Materialien können die Tiere aus dem Lied „Das kleine Känguruh" oder andere Tiermasken gebastelt werden.

● Wurfspiel mit Tierköpfen
„Das Großmaul"

Materialien:
- große Pappkartons
- Plakafarben, Pinsel
- Wolle, Stoff und andere Gestaltungs- materialien
- mehrere Kartoffelsäcke
- Heftzwecken
- Bälle

Aus den Pappkartons werden große Tierköpfe geschnitten. Sie bekommen ein großes Maul. Mit den angegebenen Gestaltungsmaterialien und der Farbe werden mit viel Phantasie Tiergesichter angefertigt. Hinter dem Maul wird der Kartoffelsack angebracht. Fertig ist das „Großmaul".
Dieses Wurfspiel kann an einem Baum, in einem Türrahmen oder an einem Stab befestigt werden. So haben die Kinder ein tolles Geschicklichkeitsspiel z.B. für ein Geburtstagsfest.

Bei einem Geburtstagsfest könnten sich die Kinder wie Tiere verkleiden und die angegebenen Spiele und Lieder einsetzen.
Zum Geburtstagskaffee gibt es:

● Backrezept
„Bärentatzen"

Rezept: Zuerst muß ein Quark-Öl-Teig hergestellt werden. Dazu benötigt man:

150 g Quark
6 Eßl. Milch
6 Eßl. Öl
75 g Zucker
1 Pck. Vanillin -Zucker
1 Pr. Salz
300 g Mehl
1 Pck. Backpulver

Aus dem Teig große Plätzchen formen und bei 175 bis 200 Grad ca. 35 Minuten backen. Nach dem Erkalten mit Schokoladenguß überziehen.

• Fingerspiel
„Im Fingerland"

Diese Finger an der Hand
  - *Die 5 Finger zappeln -*
zieh'n mit uns ins Fingerland.
  - *Die 5 Finger marschieren -*

Der Daumen ist die Katze,
  - *Den Daumen zeigen -*
sie kratzt mit ihrer Tatze.
  - *Mit den Fingern Krallen darstellen*
  und in der Luft Krallen zeigen -

Der Zeigefinger ist der Elefant,
  - *Den Zeigefinger zeigen -*
er zieht ganz langsam durch das Land.
  - *Mit der linken Hand an die Nase*
  fassen und die rechte Hand von unten
  durch die Öffnung ziehen. Fertig ist
  der Rüssel -

Der Mittelfinger ist das Känguruh,
  - *Den Mittelfinger zeigen -*
es hüpft und springt ja immerzu.
  -*Hüpfen und springen -*

Der Ringfinger ist der Kuschelbär,
  - *Den Ringfinger zeigen -*
ihm fällt das Schmusen gar nicht schwer.
  - *Sich in den Arm nehmen -*

Der kleine Finger braucht seine Ruh',
  - *Den kleinen Finger zeigen -*
er schaut beim Spielen erst mal zu.
  - *Hand wie zum Schutz vor der Sonne*
  über die Augen halten -

Nach der Melodie von „Zeigt her eure Füße"
So stampfen die Tiere
Text: Ingrid Biermann / Musikbearbeitung: Detlev Jöcker

Zeigt her eu- re Fü- ße, zeigt her eu- re Schuh und
se- het den stamp-fen- den Bä- ren mal zu. Sie stamp- fen, sie
stamp- fen, sie stamp- fen den gan- zen Tag.

2. Zeigt her eure Füße,
zeigt her eure Schuh,
und sehet den schleichenden
Katzen mal zu.

Sie schleichen, sie schleichen,
sie schleichen den ganzen Tag.
3. ... den kriechenden Schlangen.
4. ...den hoppelnden Hasen.

● Tanzspiel zum Lied

Die Kinder können beliebige Tiere nennen und ihre Gangart nachahmen. So tanzen und bewegen sich zum Schluß viele Tiere im Raum
herum. Besonders lustig wird es, wenn die Kinder auch die Laute der
Tiere nachahmen.

Nach der Melodie von „Es geht eine Zipfelmütz"
Es hüpft ein Känguruh
Text: Ingrid Biermann / Musikbearbeitung: Detlev Jöcker

Es hüpft ein Kän-gu-ruh in un-serm Kreis her-um, wi-de-bum. Es um.

● Kreisspiel zum Lied

Der Text wird so oft wiederholt, bis alle Känguruhs (Kinder) mithüpfen.

Nach der Melodie von „Alle Vögel sind schon da"
Alle Tiere hier im Kreis
Text: Ingrid Biermann / Musikbearbeitung: Detlev Jöcker

Al- le Tie- re hier im Kreis, wol- len uns be- grü- ßen.

E- le- fant und dik- ker Bär, tan- zen fröh- lich hin und her.

Dre- hen sich im Kreis her- um, stamp- fen mit den Fü- ßen.

2. Känguruh und Papagei,
zeigen ihre Künste,
springen, hüpfen, grüßen sich,
stehen auf und setzen sich.
Drehen sich im Kreis herum,
stampfen mit den Füßen.

3. Auch die Katze und der Hund,
wollen uns was zeigen,
schleichen leise kreuz und quer,
rennen auch noch hin und her.
Drehen sich im Kreis herum,
stampfen mit den Füßen.

• Bewegungsspiel zum Lied

Einige Kinder verkleiden sich als Elefant,
dicker Bär, Känguruh, Papagei, Katze
und Hund. Dann spielen sie zum Lied.
Danach geben sie ihre Tiermasken an
andere Kinder weiter, so daß jedes Kind
einmal an die Reihe kommt.

• Bastelvorschlag für Tiermasken

Mit Pappe, Schere, Klebstoff, bunten
Woll- und Stoffresten werden vorher Tiermasken, Nasen oder Ohren aus Pappe
gebastelt. Dann werden sie bunt bemalt
und an die Kinder verteilt.

Kennt ihr den Ri-Ra-Rennemann?

Text und Musik: Detlev Jöcker

1 = VorsängerIn
2 = Alle

2. Kennt ihr den Mi- Ma- Malemann?
Ja, ja, ja!
Er zeigt euch wie man malen kann.
Ja, ja, ja!
Und eins und zwei und drei und vier,
schon geht es los, jetzt malen wir.
Eins und zwei und drei und vier,
jetzt mi- ma- malen wir.

3. Kennt ihr den Hi- Ha- Hampelmann?
Ja, ja, ja!
Er zeigt euch wie man hampeln kann.
Ja, ja, ja!
Und eins und zwei und drei und vier,
schon geht es los, jetzt hampeln wir.
Eins und zwei und drei und vier,
jetzt hi- ha- hampeln wir.

4. Kennt ihr den Krie- Kra- Kriechemann?
Ja, ja, ja!
Er zeigt euch wie man kriechen kann.
Ja, ja, ja!
Und eins und zwei und drei und vier,
schon geht es los, jetzt kriechen wir.
Eins und zwei und drei und vier,
jetzt krie- kra- kriechen wir.

5. Kennt ihr den Bi- Ba- Bauemann?
Ja, ja, ja!
Er zeigt euch wie man bauen kann.
Ja, ja, ja!
Und eins und zwei und drei und vier,
schon geht es los, jetzt bauen wir.
Eins und zwei und drei und vier,
jetzt bi- ba- bauen wir.

6. Kennt ihr den Pi-Pa-Pustemann?
Ja, ja, ja!
Er zeigt euch wie man pusten kann.
Ja, ja, ja!
Und eins und zwei und drei und vier,
schon geht es los, jetzt pusten wir.
Eins und zwei und drei und vier,
jetzt pi- pa- pusten wir.

Alle pusten sich an.

● Spiele zum Lied für viele Gelegenheiten

1. Strophe

● Bewegungsspiele „Der Schwimmflossenlauf"

Zwei Kinder bekommen eine Schwimmbrille, Flossen, eine Angel (ein Stock mit einem Haken) und einen Eimer. Damit müssen sie Fische fangen. Diese schwimmen aber nicht im Wasser, sondern hängen in der Luft.
(An eine Schnur werden Pappfische gehängt, die die Kinder mit der Angel herunterholen und in den Eimer legen müssen.)
Die Aufgabe ist erfüllt, wenn die Schnur leer ist.

„Insektenjagd"

Die Kinder basteln aus Pfeifenputzern und Wattekugeln kleine Spinnen. Diese werden im Raum verteilt. Jeweils zwei Kinder sammeln mit verbundenen Augen die Spinnen ein. Dann beginnt das Spiel von neuem.

2. Strophe:

● Malspiele „Das Mi-Ma-Mondgesicht"

Jedes Kind bekommt einen Würfel, ein Blatt und Buntstifte. Sie suchen sich gemeinsam eine Zauberzahl aus. Wer diese würfelt, darf einen Teil von seinem Mondgesicht malen. Wer wird als erster fertig sein?

„Malen mit verbundenen Augen"

Jedes Kind bekommt ein Malblatt und Buntstifte. Nun versucht es, mit verbundenen Augen ein Bild zu malen. Wenn es ein Wettbewerb werden soll, malen die Kinder nach einem gestellten Thema.

„Malen mit links oder mit den Zehen"

Die Kinder malen ein Motiv mit links oder mit den Zehen. Das macht Spaß und verlangt viel Konzentration. Wenn es ein Wettspiel werden soll, kann eine Eieruhr die Zeit vorgeben.

„Tastmalerei"

Den Kindern werden die Augen verbunden. Sie bekommen ein größeres Stofftier, ein Blatt und Malstifte. Durch Tasten können sie das Tier erraten und dann malen.

3. Strophe

- **Schlenkerspiel
  „Der Schlenkerwilli"**

Arbeitsanleitung:

Besorgen Sie sich eine Kinderstrumpf-
hose, einen Pulli, Kinderhandschuhe,
eine Perücke oder eine Mütze, eine alte
dicke Seidenstrumpfhose (blickdicht/
hautfarben) und Füllmaterial.
Die Kleidungsstücke werden aneinander-
genäht und gefüllt. Aus der Seidenstrumpfhose wird ein Kopf geformt und
ebenfalls gefüllt. Das Gesicht wird aufge-
malt oder auch aufgestickt. Den Kopf
schmückt eine Perücke oder Mütze.
Die Kinder halten ein Bettuch fest.
Darauf legen sie den Schlenkerwilli.
Folgender Vers fordert alle zum Spielen
auf:

*„Hier ist der Zi-Za-Zappelmann,
kommt, schaut Euch an,
was der so kann.
1, 2, 3, macht alle mit,
denn unser Willi, der ist fit."*

Nun werfen sie ihn mit dem Tuch hoch.
Fällt er vom Tuch herunter, beginnt das
Spiel von vorne.

4. Strophe

- **Kriechspiele
  „Die Schnecke Luise"**

Schau, da kriecht die kleine Schnecke,
kommt gemächlich um die Ecke.
Kriecht und kriecht so schnell sie kann,
langsam kommt sie nur voran.

Kriecht dann über Stock und Stein,
noch macht sie das ganz allein.
Kriecht nun auf ein großes Blatt,
frißt sich erst mal richtig satt.

Sieh, da kommt noch eine Schnecke,
kriecht ganz langsam um die Ecke.
Kriecht auch auf das große Blatt,
frißt sich auch mal richtig satt.

Danach kriechen sie zu zwei'n
über Stock und über Stein.
Atmen frische Frühlingsluft
und den zarten Blumenduft.

Kriechen weiter Stück für Stück,
müde geht es dann zurück,
in ihr großes Schneckenhaus,
morgen komm'n sie wieder raus.

*Dieser Vers eignet sich auch gut für ein
Darstellungspiel.*

„Der Schneckenwettlauf"

Mehrere Kinder knien sich hin. Ihnen wird ein Kissen auf ihren Rücken gelegt (Schneckenhaus). Nun krabbeln alle zu einem großen Blatt (Zeitungspapier). Dabei dürfen sie ihr Schneckenhaus nicht verlieren. Wer ist zuerst am Ziel?

5. Strophe

- **Bauspiel**
  „Der lustige Turmbau"

Die Kinder werden aufgefordert, auf verschiedene Arten Türme zu bauen. Dieses Spiel kann als einfaches Geschicklichkeitsspiel, aber auch als Wettspiel aufgebaut werden.

Viele Bausteine liegen verstreut im Kreis. Wir können sie auf unterschiedliche Art und Weise einsammeln:
- Mit zusammengebundenen Beinen hinhüpfen und die Steine aufeinander bauen.
- Die Steine mit verbundenen Augen suchen und aufeinander bauen.
- Mit einem kleinen Ball zwischen den Beinen hingehen, die Steine holen und aufeinander bauen.
- Mit zusammengebundenen Händen und Beinen hinhüpfen, die Steine holen und aufeinander bauen.

- **Wurfspiel**
  „Turmwerfen"

Die Kinder werden in vier Mannschaften aufgeteilt. Zwei Mannschaften spielen immer zusammen. Davon baut eine Mannschaft einen Turm und die andere wirft ihn mit Bällen wieder ab. Welche Mannschaft gewinnt?

6. Strophe

- **Pusteballspiele**
  mit Luftballons

1. Die Kinder bilden zwei Gruppen. Diese Gruppen teilen sich wieder auf und knien sich in einem größeren Abstand gegenüber. Sie pusten sich einen mit etwas Wasser gefüllten Luftballon so lange zu, bis alle einmal den Ball hin und her gepustet haben.

2. Jedes Kind bekommt einen Luftballon. Diesen pustet es zu einem Ziel. Wer hat die stärkste Puste?

• Pustespiele mit einem Wattebällchen

1. Die Kinder werden in zwei Mannschaften aufgeteilt. Jeweils zwei Kinder einer Mannschaft halten einen Nähgarnfaden stramm, auf dem mehrere Wattebällchen aufgezogen sind. Auf ein Zeichen hin pusten sie die Wattebällchen von einem zum anderen Ende.
Am Ziel angekommen, pustet der nächste. Sind alle Bällchen am anderen Ende, ist das Spiel beendet.

2. In der Mitte liegt ein Reifen (Brunnen). Jedes Kind bekommt eine Wattekugel (goldene Kugel). Die Kinder legen die „goldene Kugel" vor sich auf den Boden, und alle versuchen nun, diese in den Brunnen zu pusten.

• Fingerspiel
„Das kleine, blaue Segelschiff"

Das kleine, blaue Segelschiff
   - *Hände zusammenlegen -*
schwimmt mitten auf dem Meer.
   - *Wellenbewegungen machen -*
Doch plötzlich kommt ein starker Wind,
   - *Hände seitlich an den Mund halten -*
der pustet heute sehr.
   - *pusten -*
Das kleine, blaue Segelschiff
   - *Hände zusammenlegen -*
schwimmt mitten auf dem Meer.
   - *Wellenbewegungen machen -*
Es schwankt und wackelt hin und her
   - *Hände stark nach links und rechts*
     bewegen
und fürchtet sich so sehr.
   - *ein ängstliches Gesicht machen -*
Doch plötzlich ist der Wind ganz still,
   - *Finger an den Mund legen -*
das Schiff kann fahren wie es will.
   - *Hände zusammenlegen -*
Es gleitet langsam und ganz sacht
durch eine sternenklare Nacht.
   - *langsame Bewegungen machen -*

• Finger- und Bewegungsspiel
   „Lustige Käferkrabbelei"

Vater Krabbel schläft sehr gern
in der warmen Sonne.
Reckt sich, streckt sich, fühlt sich wohl,
das ist eine Wonne.

Mutter Krabbel fliegt sehr gern
in der warmen Sonne.
Fliegt mal rechts, mal links im Kreise,
macht sehr gerne eine Reise.

Und die Kinder, es sind drei,
machen auch so allerlei.
Krabbeln rauf und wieder runter,
sind dabei ganz frisch und munter.

Hüpfen, fliegen, springen frisch
mitten auf den Küchentisch.
Ruh 'n sich dort ein wenig aus
und verschwinden aus dem Haus.

Geht die Sonne abends unter,
liegen alle frisch und munter
in dem Bett und schlafen fein
unter ihrer Decke ein.

*(Dieser Vers kann sowohl als Fingerspiel,
aber auch als Kreis- oder Bewegungsspiel
mit den Kindern gespielt werden.
Der Text gibt die Bewegungen vor.)*

• Fingerdruck
   „Ki- Ka- Käferkrabbelei"
Der Daumen wird mit Wasserfarbe ein-
gestrichen und dann abgedruckt.
Mit einem Buntstift bekommt der Käfer
Beine und Fühler. So kann man z.B. eige-
nes Geschenkpapier herstellen.

Nach der Melodie von „Ri-Ra-Rutsch"

Tra-Ri-Ro

Text: Ingrid Biermann / Musikbearbeitung: Detlev Jöcker

1. Tra- Ri- Ro, der Früh- ling macht uns froh.

Son- ne kommt ins Land hin- ein, macht es warm mit ih- rem Schein.

Tri- Ra- Ro-, der Früh- ling macht uns froh.

● Bewegungspantomime zum Lied

1. Tra-Ri-Ro,
der Frühling macht uns froh.
 - Alle lachen und klatschen dabei
 rhythmisch in die Hände
Sonne kommt ins Land hinein,
macht es warm mit ihrem Schein.
 - Die Finger spreizen, die Hände zur
 Decke strecken, in die „Sonne" schauen
Tra-Ri-Ro,
der Frühling macht uns froh.
 - Alle lachen und klatschen in die Hände

2. Tra-Ri-Ra,
der Sommer, der ist da,
 - Alle klatschen rhythmisch in die Hände
kommt mit Blumen in der Hand,
schenkt sie jedem hier im Land.
 - Alle schenken sich „Blumen"
Tra-Ri-Ra,
der Sommer, der ist da,
 - Alle klatschen rhythmisch in die Hände

3. Tra-Ri-Ru,
im Herbst, da schau ich zu.
 - Alle klatschen rhythmisch in die Hände
Äpfel, Birnen schmecken fein,
Pflaumen kocht die Mutter ein.
 - Alle beißen in einen „Apfel" und
 machen Rührbewegungen
Tra-Ri-Ru,
im Herbst, da schau ich zu.
 - Alle klatschen rhythmisch in die Hände

4. Tra-Ri-Re,
der Winter kommt mit Schnee.
 - Alle klatschen rhythmisch in die Hände
Zugefroren sind die Pfützen,
 - Alle rutschen mit einem Fuß über
 eine „Pfütze"
Kinder tragen warme Mützen.
 - Alle wärmen mit den Händen die Ohren
Tra-Ri-Re,
der Winter kommt mit Schnee.
 - Alle klatschen rhythmisch in die Hände

Fernseh'n gucken, muß das sein?

Text: Anke Jöcker / Musik: Detlev Jöcker

1. Bin ich zu Hau- se ganz al- lein,

dann la- de ich mir Freun- de ein.

Wir spie- len gern Ver- stek- ken, im Haus in al- len

Ek- ken, auch Tan- zen o- der Sprin- gen, kann so- viel Freu- de

brin- gen. Fern- seh'n- guk- ken muß das sein? Da

fällt mir doch was bess' res ein. Es gibt so vie- le Sa- chen, die

kön- nen Kin- der ma- chen. Ein paar I- de- en hab ich schon, viel-

leicht, viel- leicht ge- fällt dir was da- von.

Refrain:
Fernseh'n gucken, muß das sein...

2. Bin ich zu Hause mit Mama,
und sie hat Zeit, wie wunderbar.
Dann spielen wir mit Karten
und arbeiten im Garten.
Auch backen oder singen
kann soviel Freude bringen.

Refrain:
Fernseh'n gucken, muß das sein...

Gesprochen:
Doch manchmal schläft mein Papa
beim Fernseh'n gucken ein.
Da liegt er dann und schnarcht ganz
laut,
das kann doch wohl nicht sein!
Dann weck ich ihn ganz vorsichtig
und flüster in sein Ohr:
„Komm, lieber Papa, werd doch wach,
ich schlag dir etwas vor!"

Refrain:
Fernseh'n gucken, muß das sein?
Da fällt dir doch was bess'res ein.
Es gibt so viele Sachen,
die können Väter machen.
Ein paar Ideen hab ich schon,
vielleicht gefällt dir was davon.

3. Laß uns doch Drachen steigen gehn,
es ist so schön, ihm zuzusehn.
Laß uns im Wald spazieren,
dort schaun wir nach den Tieren.
Auch toben oder schwimmen
kann soviel Freude bringen.

Refrain:
Fernseh'n gucken, muß das sein...

● Verkleidungsspaß
„Wir lassen heut das Fernseh'n aus"

1. Wir lassen heut das Fernseh'n aus
und denken uns was Tolles aus.
Hüte, Jacken, Westen, Röcke,
Taschen, Brillen und auch Stöcke.
Diese Sachen, du wirst seh'n,
werden uns bestimmt gut stehn.

3. Wir lassen heut das Fernseh'n aus
und denken uns was Tolles aus.
Wenn wir uns schminken kunterbunt,
geht es bei uns so richtig rund.
Auch ohne Fernsehn ist es schön,
das kann ein jeder hier wohl seh'n.

2. Wir lassen heut das Fernseh'n aus
und denken uns was Tolles aus.
Zwei bunte Blusen, große Schuhe,
holen wir aus Mutters Truhe,
malen uns dann auch noch an,
so wie ein bunter Hampelmann.

Hinweis:
Stellen Sie den Kindern einfach eine Kiste
mit Kleidungsstücken, Schminke, Taschen und anderen Utensilien zur Ver-
fügung und Sie werden staunen, was
dann passiert.

• Wir machen selbst Knete

2 gr. Tassen Mehl
3/4 gr. Tasse Salz
1 Eßl. Öl
1/2 gr. Tasse Wasser
einige Tropfen Plaka- oder
Lebensmittelfarbe

Alles gut durchkneten und in einer
Plastiktüte im Kühlschrank aufbewah-
ren. So kann diese Knete mehrmals
gebraucht werden.

• Einladung zu einem
   Pfützenspaziergang

Oh je, es regnet. Kein Grund, das Fern-
sehen einzuschalten. Zieht Regensachen
an und raus geht's in die Pfützen.
Springen, hüpfen, Steinchen werfen oder
Boote schwimmen lassen macht Spaß.
Versucht es mal. Alle werden vom Pfützenspaziergang begeistert sein.

• Selbstgemachtes Popcorn

Rezept:
Einen Eßlöffel Öl in einer Pfanne erhit-
zen. Den Boden mit Popcornmais be-
decken (erhältlich in Reformhäusern),
den Deckel drauf und alles „POPPEN"
lassen. Zwischendurch die Pfanne etwas
hin- und herbewegen, damit nichts an-
brennt. Poppt es nicht mehr, wird nun
das Popcorn in eine Schüssel gegeben
und mit Puderzucker bestreut. Das ist
mit Sicherheit eine Köstlichkeit.
Achtung!
In jedem Fall sollte ein Erwachsener
dabei am Herd stehen, da das Hantieren
mit heißem Fett sehr gefährlich ist.

Aus meinem Zauberkoffer

Text und Musik: Detlev Jöcker

1. Aus mei- nem Zau- ber- kof- fer hört man laut ein „Tut!" Aus mei- nem Zau- ber- kof- fer hört man laut ein „Tut!" In mei- nem Zau- ber- kof- fer, das ist wirk- lich wahr, da ist ein Au- to und das macht: „Tut!" Das fin- den ich und du, wir al- le wun- der- bar. Das fin- den ich und du, wir al- le wun- der- bar.

2. Aus meinem Zauberkoffer hört man
laut ein „Hahaha!"
Aus meinem Zauberkoffer hört man
laut ein „Hahaha!"
In meinem Zauberkoffer, das ist
wirklich wahr,
da ist ein Clown, und der macht:
„Hahaha!"
Das finden ich und du, wir alle
wunderbar.
Das finden ich und du, wir alle
wunderbar.

3. Aus meinem Zauberkoffer hört man
laut ein „Quietsch!"
Aus meinem Zauberkoffer hört man
laut ein „Quietsch!"
In meinem Zauberkoffer, das ist
wirklich wahr,
ist eine Tür, und die macht:
„Quietsch!"
Das finden ich und du, wir alle
wunderbar.
Das finden ich und du, wir alle
wunderbar.

4. Aus meinem Zauberkoffer hört man
laut ein „Muh!"
Aus meinem Zauberkoffer hört man
laut ein „Muh!"
In meinem Zauberkoffer, das ist
wirklich wahr,
ist eine Kuh, und die macht: „Muh!"
Das finden ich und du, wir alle
wunderbar.
Das finden ich und du, wir alle
wunderbar.

5. Aus meinem Zauberkoffer hört man
jetzt ein: „........"
Aus meinem Zauberkoffer hört man
jetzt ein: „........"
In meinem Zauberkoffer, das ist
wirklich wahr,
ist nichts mehr drin, und das macht:
„........"
Das finden ich und du, wir alle
wunderbar.
Das finden ich und du, wir alle
wunderbar.
(„........"= *Mit einer Hand den Mund
zuhalten.*)

• Zauberspiel zum Lied

Die Dinge, die in dem Lied besungen
werden, steckt man in einen Koffer, der
als „Zauberkoffer" vorgestellt wird.
Ein Spielzeugauto, eine Clownspuppe,
eine aus Lego gebaute Tür, eine auf
Pappe gemalte und ausgeschnittene Kuh
und vielleicht noch andere Gegenstände, die nicht in dem Lied vorkommen,
z.B. ein Telefon, eine Froschpuppe usw.
Nun kann vor jeder Strophe der Koffer
mit Hilfe eines Zauberspruchs und eines
Zauberstabes verzaubert werden. Alle

singen das Lied. Nur an der Stelle, wo ein
Geräusch ertönen muß, hören die Kinder
auf zu singen, und der Zauberer oder die
Zauberin machen ein Geräusch. Nun
müssen die Kinder das Geräusch, das zu
dem Gegenstand gehört, erraten. Bei
„...das ist wirklich wahr, da steckt ein..."
nennen die Kinder den besungenen
Gegenstand. Dann wird der Zauberkoffer
geöffnet, der Gegenstand wird herausge-
holt und allen gezeigt.

• Malspiele

„Kommt, wir machen Zauberbilder"

Zauberspruch:
Kommt, wir machen Zauberbilder,
das ist gar nicht schwer,
zaubern ist ein Kinderspiel,
darum schaut alle her.

„Die Zauberbotschaft"

Male oder schreibe mit einer Kerze etwas
auf ein Blatt. Noch keiner kann es sehen
oder lesen. Das ist die Zauberschrift. Erst
wenn du mit Wasserfarbe, Sand oder
Asche das Bild bestreichst, kann die
Zauberbotschaft gesehen oder gelesen
werden. Du kannst statt einer Kerze auch
Klebstoff zum Malen oder Schreiben verwenden.

„Malen mit der Zauberpuste"

Kleckse große Wasserfarbtropfen auf ein
Blatt. Dann kannst du mit Hilfe deiner
Puste Bilder zaubern.

„Lustige Zaubertiere"

Mache auf die eine Hälfte eines Blattes
dicke Wasserfarbkleckse. Knicke das
Blatt in der Mitte zusammen und strei-
che nun mit den Fingerspitzen oder der
flachen Hand über das gefaltete Blatt.
Beim Auseinanderfalten wirst du wun-
derschöne Zaubertiere entdecken. Gib
jedem Tier einen Phantasienamen und
schreibe ihn auf die Blätter. Wenn du die
Blätter mit den Zaubertieren an einer
Wand befestigt, entsteht ein wundervol-
ler Zauberzoo.

● Kreisspiel mit Schminke
„Das verzauberte Gesicht"

Mit der Farbe in der Hand,
zieh' ich durch das Zirkusland.
Male hier und auch mal da,
malen ist so wunderbar.

Schminken, ja, das macht viel Spaß,
rot mal ich dir deine Nas',
rot mal ich dir deinen Mund,
und schon bist du kunterbunt.

Deine Augen mal ich dann
mit viel schwarzer Farbe an,
deine Wangen mal ich weiß,
puh, mir wird dabei ganz heiß.

Nun bist du Clown Kunterbunt,
machst viel Spaß so manche Stund.
Kommt, wir tanzen kreuz und quer,
so ein Tanz ist gar nicht schwer.

Spielvorschlag:
Zuerst bemalt sich ein Erwachsener als
Clown. Die Mitspieler sitzen im Kreis und
der Clown geht herum. Dabei spricht er
den Vers vom „Zaubergesicht" und malt
alle an.
Dann können sich alle frei nach ihrer
Phantasie weiter anmalen.
Zum Schluß wird Musik angestellt und
alle können froh herumtanzen.

*(z.B.: Das Lied von „Clown Sporelli" aus:
Si- Sa- Singemaus, Menschenkinder Verlag)*

● Selbsthergestellte Schminke

Ein Topf preiswerter Fettcreme wird mit
etwas Lebensmittelfarbe gemischt. Die
Farben können frei gewählt werden. Ein
wesentlicher Vorteil dieser Schminke ist,
daß sie sich leicht entfernen läßt.

● **Kreis- und Bewegungsspiel**
„Lirum, Larum, Löffelstiel"

Ein Kind wird als Zauberer verkleidet. Es bekommt einen Hut auf den Kopf gesetzt. In der Hand hält es einen Zauberstab.
Bei der 1. Strophe geht es mit dem Zauberstab immer über seine geschlossene Hand. Dabei spricht es geheimnisvoll den folgenden Text.

1. Lirum, Larum, Löffelstiel,
zaubern ist ein Kinderspiel.
Nur aus dieser Zauberhand
hole ich so allerhand.

2. Lirum, Larum, Li-La-Lu,
zaubern kannst bestimmt auch du,
   - *Der Zauberer geht auf ein Kind zu -*
hol aus deiner flachen Hand
   - *Er streicht mit dem Zauberstab über*
   die geschlossene Hand des Kindes -
einen großen Elefant.
   - *Das Kind faßt mit der einen Hand an*
   seine Nasenspitze und führt die andere
   Hand von unten durch. Und schon ist
   der Rüssel fertig -

3. Lirum, Larum, Löffelstiel,
zaubern ist ein Kinderspiel.
Ich tipp jetzt auf deine Nas',
   - *Er berührt mit dem Zauberstab die*
   Nase -
schon bist du ein kleiner Has'.
   - *Das Kind hüpft wie ein Hase -*

4. Lirum, Larum, Li-La-Lo,
nun bist du ein kleiner Floh,
   - *Er tippt ein anderes Kind mit dem*
   Zauberstab an -
und der springt vergnügt im Kreis,

   - *Das Kind hüpft herum -*
hier nach meiner Zauberweis'.

5. Lirum, Larum, Löffelstiel,
zaubern ist ein Kinderspiel.
Meine Zauberhand ist leer,
   - *Er zeigt seine geöffnete Hand -*
darum zauber' ich nicht mehr.

Nach der Melodie von „10 kleine..."

Ein kleiner Zaubermeister

Text: Ingrid Biermann / Musikbearbeitung: Detlev Jöcker

1. Ein klei- ner Zau- ber- meis- ter, der hat gro- ßen Spaß, er
hebt ge- schwind den Zau- ber- stab, und schon bist du ein Has.

1. Ein kleiner Zaubermeister,
   - *Der Zauberer geht im Kreis herum -*
   der hat großen Spaß,
   - *Er hüpft -*
   er hebt geschwind den Zauberstab,
   - *Er schwenkt seinen Zauberstab über*
   dem Kopf eines Kindes -
   und schon bist du ein Has'.
   - *Das Kind hüpft wie ein Hase um den*
   Reifen herum und bleibt dort in der
   Hocke sitzen -

2. Ein kleiner Zaubermeister
   - *Bewegung wie in der 1. Strophe -*
   dreht sich einmal rund,
   - *Der Zauberer dreht sich herum -*
   er hebt geschwind den Zauberstab,
   - *Siehe 1. Strophe -*
   und schon bist du ein Hund.
   - *Das Kind springt und bellt wie ein*
   Hund um den Reifen herum und bleibt
   dort in der Hocke sitzen -

3. Ein kleiner Zaubermeister
   - *Siehe 1. Strophe -*
   winkt mit seiner Hand,
   - *Der Zauberer winkt mit der Hand -*
   er hebt geschwind den Zauberstab,
   - *Siehe 1. Strophe -*
   du bist ein Elefant.
   - *Elefantenrüssel mit den Armen*
   darstellen, mit einem lauten „Törö"
   um den Reifen gehen und dort in
   der Hocke sitzen bleiben -

● Zauberhaftes Bewegungs- spiel zum Lied

Die Kinder sitzen im Kreis. Ein Kind ist
der Zaubermeister. Es wird als Zauberer
verkleidet und bekommt einen Zauberstab in die Hand. In die Kreismitte wird
ein Reifen gelegt. Das ist der „Zauber-
kreis".

4. Ein kleiner Zaubermeister
  - *Siehe 1. Strophe -*
wackelt mit dem Po,
  - *Der Zauberer wackelt mit dem Po -*
Er hebt geschwind den Zauberstab,
  - *Siehe 1. Strophe -*
und schon bist du ein Floh.
  - *Das Kind krabbelt einmal um den Reifen und setzt sich hinein. -*

5. Ein kleiner Zaubermeister
  - *Der Zauberer geht um die vier Kinder herum.*
sagt „Lirim, larum, lo."
  - *Der Zauberer spricht diesen Spruch -*
Er hebt geschwind den Zauberstab,
  - *Er schwenkt den Stab über ihre Köpfe -*
schon tanzen alle froh.
  - *Die vier Kinder stehen auf, fassen sich an und tanzen um den Reifen herum -*

6. (Nun wird eine Strophe auf la, la, la gesungen. Die Kinder, die auf ihren Stühlen sitzen, klatschen dazu im Takt.)

7. Ein kleiner Zaubermeister
  - *Die vier Kinder sitzen wieder um den Reifen herum in der Hocke. Der Zauberer geht um sie herum -*
sagt „Lirum, larum, lei."
  - *Der Zauberer spricht den Spruch -*
und hebt geschwind den Zauberstab,
  - *Siehe 1. Strophe -*
und alles ist vorbei.
  - *Die vier Kinder laufen zurück zu ihrem Stuhl -*

• Zauberhafte Turn- und Bewegungsspiele

„Manege frei für die große Zauberei"

Der Turnraum wird in eine Manege umgewandelt.
Auf dem Boden markiert man mit Kreppband einen großen Kreis. Rundherum werden Stühle gestellt, auf denen die Kinder sitzen. Breite Kreppbänder können als Himmel unter die Decke gehängt werden. Der Raum ist bei diesen Turnspielen verdunkelt. Ein großer Strahler erhellt die Manege. Durch diese zauberhafte Atmosphäre wird den Kindern etwas Zirkusumgebung vermittelt, und das Mitturnen macht noch mehr Spaß.

Zirkusmusik von der Kassette untermalt einige Bewegungsspiele.

Ein Kind wird mit einem Umhang, einem Hut und einem Stab in einen Zauberer verwandelt. Dieser bestimmt die kleine Zauberei, nach der die Kinder sich dann in der Manege bewegen müssen.
Folgenden Zauberspruch sagt er vor und nach jedem Zauberstück.

Der Spruch vor dem Zauberstück:

Für mich dem Zaub'rer Theofiel,
ist Zauberei ein Kinderspiel.
Hokus, pokus, eins, zwei, drei,
Elefanten, kommt herbei.

Die Kinder machen mit der Hand einen Elefantenrüssel und marschieren im Kreis herum. Dabei läuft ein Musikstück zur Untermalung dieser Bewegungen.

Spruch nach der Zauberei:

Hokus, pokus, ei der Daus,
diese Zauberei ist aus.

Die Kinder setzen sich dann wieder auf die Stühle.
Nun können die Kinder die weiteren Tierauftritte bestimmen. Immer wieder wird vor und nach dem Zauberstück der Zauberspruch gesagt. Es schlüpfen immer andere Kinder in die Rolle des Zauberers.
Hilfsmaterialien wie Reifen, Bälle, Stäbe, kleine Hocker, eine Bank oder z.B. ein Trampolin werden bereitgestellt und können dann bei passenden Zauberstücken benutzt werden.

● Zauberbeispiele

Hokus, pokus, eins, zwei, drei,
all' ihr Pferde, kommt herbei.
   *- Stäbe werden gehalten, über die
      die Pferde springen -*

Hokus, pokus, eins, zwei, drei,
all' ihr Clowns, kommt nun herbei.
   *- Das Trampolin wird aufgestellt.
      Die Kinder springen nacheinander
      darauf herum -*

Hokus, pokus, eins, zwei, drei,
all' ihr Seiltänzer, kommt herbei.
   *- Die Bank wird aufgestellt. Die
      Kinder können balancieren -*

Wie ich der Umwelt helfen kann

Text: Lore Kleikamp / Musik: Detlev Jöcker

1. Fil- lipp aus Ha- ge- nau, der ist ganz su- per- schlau, Fil- lipp, der ist ganz su-per- schlau. Den Kühl- schrank öf- fnet er kurz und knapp, stellt mög- lichst schnell das Was- ser ab. Wenn Lich- ter bren- nen in dem Haus, die man nicht braucht, die stellt er aus.

Refrain
Auch ich bin schlau, ü- ber- le- ge ge- nau. Und weiß es dann, wie ich der Um- welt hel- fen kann. Auch kann.

2. Katrin aus Obertrier
   spart gerne mit Papier.
   Katrin spart gerne mit Papier.
   Sie weiß, es wird ja aus Holz gemacht
   drum braucht sie es auch mit Bedacht.
   Und Holz ist Wald. So ist ihr klar:
   Ich helf der Umwelt, wenn ich spar'.

   Refrain:
   Auch ich bin schlau,
   uberlege genau.
   Und weiß es dann,
   wie ich der Umwelt
   helfen kann.

3. Stefan aus Waldenrief,
der ist ein Detektiv.
Stefan, der ist ein Detektiv.
Er sucht im Winter, wenn's bitterkalt,
nach jeder Ritze, jedem Spalt.
Wenn alles dicht ist, das steht fest,
sich sehr viel Wärme sparen läßt.

Refrain:
Auch ich bin schlau...

4. Sonja aus Niederlauf
macht ihre Augen auf.
Sonja macht ihre Augen auf.
Und sie ist hellwach, vor allem dann,
wenn man Verpackung sparen kann.
Und ihre Mutter, glaubt es mir,
macht's Sonja nach und lernt von ihr.

Refrain:
Auch ich bin schlau...

● Bewegungsspiel mit Klängen
„Morgens scheint die Sonne"
Text: Detlev Jöcker

Die Kinder sitzen in der Hocke und halten ihre Hände vor den Augen. Der Text wird langsam gesprochen:

Morgens steigt die Sonne
ganz weit hoch, ganz weit hoch.
   - Ein Triangel wird leise angeschlagen.
   Dabei stehen die Kinder langsam auf
   und nehmen die Hände von ihren Augen -

Mittags strahlt die Sonne
hell und klar, hell und klar.
   - Die hohen Töne eines Glockenspiels wer-
   den angespielt. Die Kinder spreizen dabei
   die Finger nach oben und bewegen sie hin
   und her -

Abends schläft die Sonne
wieder ein, wieder ein.
   - Ein Triangel wird leise angeschlagen.
   Die Kinder gehen dabei wieder lang-
   sam in die Hocke und legen die Hände
   wieder vor ihre Augen -

Und der Mond steigt langsam
ganz weit hoch, ganz weit hoch.
   - Ein Tamburin wird leise angeschlagen.
   Dabei stehen die Kinder langsam auf und
   nehmen die Hände von ihren Augen -

Und er leuchtet nachts so
hell und klar, hell und klar.
   - Die tiefen Töne eines Glockenspiels
   werden angespielt. Die Kinder formen
   dabei mit ihren Händen einen Kreis
   in der Luft -

Morgens schläft der Mond dann
wieder ein, wieder ein.
   - Ein Triangel wird leise angeschlagen.
   Die Kinder gehen dabei wieder langsam
   in die Hocke und halten die Hände vor
   ihren Augen -

Bewegungsvariante:
In der Wiederholung kann man einen Außen- und einen Innenkreis bilden. Der Außenkreis soll die Sonne symbolisieren, der Innenkreis den Mond.

Hinweis:
Mit diesem Bewegungsspiel kann man Kinder sehr schön auf die Bewegungszyklen der Natur einstimmen: Wachsen und Vergehen, Kommen und Gehen der Jahreszeiten usw. Mögliche Fragestellungen: Warum braucht unsere Umwelt die Sonne und den Mond?

● Verpackungsspiel „M-ü-l-l"

Müll entsteht in einem fort,
hier und da - an jedem Ort.
Alles ist heut fest verpackt,
gut verschnürt oder versackt.
Obst, Gemüse und auch Säfte,
sogar Zeitungen und Hefte,
Käse, Wurst und das Bonbon.
Schuhe sind in dem Karton.
Obst in Dosen, Milch in Flaschen,
wozu brauchen wir da Taschen.
Bunt verkleidet wird die Dose,
Süßes kriegt man kaum noch lose.
Alles Gute ist in der Tüte,
fest versiegelt wird die Güte.
Doch nachher, du großer Schreck,
muß der ganze Müll noch weg.
Ja, wohin nur mit dem Reste?
Kauf unverpackt - das ist das Beste.

Aktion :

Nach einem Einkaufsbummel wird das Gekaufte kritisch auf die Verpackung hin untersucht. Dabei kann man das Gedicht laut aufsagen.

Welche Dinge hätten auch ohne die Verpackung gekauft werden können?

Die Waren werden ausgepackt, und der gesamte Müll aufeinander gelegt.

Für den nächsten Einkauf wissen wir dann bereits, was wir an Verpackung im Supermarkt zurücklassen können.

● Rätsel- und Verwertungsspiel
„Die Blechdose"

Hier steh ich, kommt und seht mich
an,
wie ich mich schnell verwandeln kann.
Mein Bauch aus Blech, der war mal
voll
mit süßen Möhren - das war toll.

Dann, als es alles aufgegessen,
da wollt' man mich getrost vergessen
und warf mich fort mit einer Wonne
gleich in die große Abfalltonne.

Doch frisch gewaschen und geputzt,
hat man mich dann noch mal benutzt.
Gefüllt werd' ich mit blankem Geld,
was mir besonders gut gefällt.

Zum Sparen werd' ich nun verwendet,
doch dies' Gedicht ist erst beendet,
wenn du errätst wie man mich nennt,
ein Geldgefäß, das jeder kennt.

(Antwort: Eine Spardose)

*Auswertungsmöglichkeiten, die dieses Ge-
dicht anbietet:*

1. Alle Kinder machen sich aus Blechdosen eine eigene Spardose.
2. Die Gruppe bastelt in Gemeinschafts-
arbeit eine Spardose. Darin wird für ein
gemeinsames Fest, für ein neues Spiel-
gerät oder für einen guten Zweck ge-
spart.
3. Die Kinder basteln aus Blechdosen
Laufdosen.
4. Die Kinder machen aus vielen Blechdosen einen Hampelmann. Sie können
ihn „Blechi" nennen, der symbolisch für
Müllvermeidung steht.

Mit Hilfe dieses Gedichtes, welches als
kleines Theaterstück aufgeführt werden
kann, sollen die Kinder in einem Ge-
spräch für die Müllproblematik sensi-
bilisiert werden (Sortieren von Müll,
anderweitige Nutzung, Müllvermeidung
usw.). Eine Blechdose, die mit einem
Gesicht, einem Wuschelkopf und einer
lustigen Mütze versehen ist, wird in die
Mitte des Kreises gestellt. Sie soll die
Kinder zur Auseinandersetzung mit der
Problematik motivieren.

● Fingerspiel
„Der Fisch Penelope"

In einem kleinen, blauen See
  - *Mit den Händen Wellenbewegungen
  machen -*
schwimmt der Fisch Penelope.
  - *Hände zusammenfalten
  und Zick-Zack-Bewegungen machen -*
Fröhlich, frisch und ziemlich munter,
  - *Zick-Zack-Bewegungen machen -*
schwimmt er rauf und wieder runter.
Plötzlich, er kann's kaum begreifen,
hängt er fest in einem Reifen.
  - *Mit der linken Hand wird der
  Zeigefinger der rechten Hand umfaßt -*

Penelope, der zappelt mächtig,
  - *Mit der o.g. Handhaltung versuchen,
  den Zeigefinger aus der linken Hand
  herauszuziehen*
reißt sich los und schwimmt gemächlich fort von diesem Fleck,
er mag keinen Umweltdreck.
  - *Hände zusammenfalten und
  langsame Schwimmbewegungen
  machen -*
Sucht sich einen neuen See,
  - *Wellenbewegungen mit den Händen
  machen -*
dort schwimmt jetzt Penelope.
  - *Hände zusammenfalten und Zick-Zack-
  Bewegungen machen -*

Ich will mit den Wolken wandern

Text: Lore Kleikamp / Musik: Anke Jöcker

2. Noch lieg ich im weichen Grase
und schaue die Wolken mir an.
Doch bald werd' ich eine finden,
mit der ich dann fortreisen kann.
Doch bald werd' ich eine finden,
mit der ich dann fortreisen kann.

3. Ich seh einen Elefanten,
der steil seinen Rüssel aufreckt,
und dort einen Leoparden.
Sein Fell ist so herrlich gefleckt,
und dort einen Leoparden.
Sein Fell ist so herrlich gefleckt.

4. Ein Segelschiff fliegt vorüber!
Ich springe hinauf, ganz geschwind,
und halte mich an dem Mast fest,
wie schön weht hier oben der Wind,
und halte mich an dem Mast fest,
wie schön weht hier oben der Wind.

5. Das Schiff segelt leis'. Ich staune:
Wie groß und wie weit ist die Welt.
Ich sehe ganz klar und deutlich
die Berge, das Meer, Wald und Feld.
Ich sehe ganz klar und deutlich
die Berge, das Meer, Wald und Feld.

6. So reise ich um die Erde,
bin glücklich und habe viel Spaß.
Doch jetzt seh ich meine Wiese
und springe hinunter ins Gras.
Doch jetzt seh ich meine Wiese
und springe hinunter ins Gras.

● Eutonische Übungsbeispiele zum Lied

Mit diesen Übungen können die Kinder zur Stille geführt werden.

- Die Kinder liegen in einem verdunkelten Raum entspannt auf einer Decke, schließen die Augen und lauschen der (einer) ruhigen Musik.

- Die Kinder bewegen sich frei nach der Musik. Zum Rhythmus der Musik wird der Lichtkegel einer Taschenlampe in dem Raum herumbewegt.

- Die Kinder liegen entspannt auf einer Decke, atmen tief ein und aus und pressen einzelne Körperteile (Po, Hände, Bauch usw.) fest auf die Decke. Dabei wechseln sich Anspannung und Entspannung ab.

- Die Kinder tanzen frei nach der Musik, die sie zu ruhigen Bewegungen auffordert.

- Die Kinder setzen sich vor ein geöffnetes Fenster und beobachten die Wolken, die Natur, die Vögel usw. Im Hintergrund läuft dabei die Musik.

● Eutonische Spiele mit einem Partner

„Wie auf Wolken schweben"

Komm, laß uns träumen, laß uns schweben,
laß uns die Stille nun erleben.
Komm, laß jetzt deine Seele baumeln
und sanft deine Gefühle taumeln.
Du wirst es dann ganz deutlich spüren,
die Stille wird dich zart berühren.
Sie läßt dich dann auf Wolken fliegen,
in Träumen kannst du dich dann wiegen.

Hinweis:
Dieser Text eignet sich besonders gut zur Einführung und Vorbereitung auf die Übungen. Er sollte langsam und leise gesprochen werden. Holen Sie nach jeder Zeile in aller Ruhe Luft.

Streichelspiele

Die Kinder liegen zu zweit auf einer Decke. Sanft streicheln sie sich gegenseitig mit der Hand, den Fingerspitzen, mit einer Feder oder mit einem Stück Watte. Ruhige Hintergrundmusik untermalt diese Streichelminuten.

Vertrauensspiel

Das Kind wird von seinem Partner durch den Raum geführt. Dabei hat es die Augen geschlossen und vertraut sich ganz dem Partner an (Rollentausch). Musikalische Untermalung.

Körperklopf- und Knetspiele

Ein Kind legt sich auf eine Decke und sein Körper wird von seinem Partner sanft durchgeklopft (z.B. mit der flachen Hand, mit den Fingerspitzen, mit den Fäusten). Auch das Durchkneten des Körpers, so als ob ein Brot gebacken würde, kann zur wohltuenden Entspannung werden. Ruhige Musik begleitet diese Spiele.

Berührungskette

Die Kinder sitzen in einem engen Kreis zusammen und schließen ihre Augen. Ein Kind beginnt mit der Kette, d. h. es legt bei seinem Nachbarn die Hand auf den Oberschenkel. Spürt dieser die Berührung, gibt er sie weiter und legt auch seine Hand auf den Oberschenkel des Nachbarn. So schließt sich die Berührungskette.
Ist diese Berührung bei dem beginnenden Kind wieder angekommen, sagt es: „Angekommen!" Alle Kinder öffnen die Augen und sehen die Berührungskette.
Berührungspunkte können auch der Kopf, die Hand oder der Fuß sein. Es führt zur Ruhe und macht Spaß.

● Das Glockenspiel

Eine Glocke wird im Kreis von einem Kind zum anderen getragen.
Sie sollte dabei nicht bimmeln.
Dieses Spiel kann auch mit einer brennenden Kerze durchgeführt werden.
Dieses verlangt von den Kindern Ruhe und Konzentration.

Hinweis:
Für dieses Kerzenspiel sollte ein Teelicht genommen werden, welches in ein Marmeladenglas gestellt wird. Die Verbrennungsgefahr ist somit ausgeschlossen.

Musikhinweise:

● Kinderträumeland - MC/CD
Menschenkinder Verlag (Sanfte Instrumentalmusik alter und neuer Schlaf- und Wiegenlieder)
● A Wonderful Day - MC Polydor, (Sweet People)
● Solitudes - CD, Digital Audio, (Dan Gibsons)
Auf dieser CD sind Geräusche aus der Natur zu hören!
● Musik zur Entspannung - MC
Blue CUE Musikverlag,
(P. Hayo, M. Schwarz)

• Kreis- und Bewegungsspiel
„Ich sitze hier"

Ich sitze hier auf meiner Wolke,
und fühl' mich leider so allein.
 - *Ein Kind sitzt in der Kreismitte* -
Ich möchte heute gerne tanzen,
doch richtig Spaß macht's nur zu
zwei'n.
 - *Das Kind holt sich einen Tanzpartner* -
Komm, laß uns tanzen, laß uns fliegen
so wie die Wolken in dem Wind,
und wie die Vögel in den Lüften,
und wie ein kleines Wolkenkind.
 - *tanzen* -

Wolken ziehen über Wiesen,
tanzen hin und tanzen her,
wirbeln mit dem Wind im Kreise,
ja, das fällt auch mir nicht schwer.
 - *Die übrigen Kinder strecken*
 die Arme nach oben, fassen
 sich an und spielen die
 Wolkenbewegungen nach -

Bilderbuchvorschlag:
„Die Wolkenreise" von Sis Koch,
Verlag: Thienemann

• Bastelvorschlag
„Schäfchendruck"

1. Mit Korken und Stoffarbe ein T-Shirt
bedrucken.
2. Schäfchen und Wolken sind aus Pappe und werden mit Watte beklebt.

Hinweis:
Vermeiden Sie Schablonen. Bei leichten
Dingen wie Wolken oder Schäfchen können die Kinder phantasievoller ohne
diese Vorgaben basteln.

● Tanzspiel
„Der Wolkentanz"

Material:
- für jedes teilnehmende Kind ein Kissen
- leise und ruhige Musik
- eine Glocke

Spielablauf:
- Der Raum ist etwas verdunkelt. Die Kinder legen ihr Kissen auf den Boden und setzen sich auf ihre „Wolke".
- Eine Glocke ertönt, und die Kinder schließen die Augen.
- Begleitet von leiser Musik machen sie nun in ihrer Phantasie eine Wolkenreise.
- Die Musik wird ausgeblendet, die Glocke holt sie zurück aus ihrem Traum.
- Nun kann jedes Kind erzählen, was es gesehen hat. Es kann diese Dinge vorspielen und alle anderen machen dieses nach. (Autos, Hunde, Käfer usw).
- Hat jedes Kind etwas vorgestellt, so kann die Wolkenreise wiederholt werden.
- Dem schließt sich ein Ratespiel an. Die Kinder sagen nicht, was sie gesehen haben, sondern machen es pantomimisch vor.

● Fingerspiel
„Das weiche Wolkenhaus"

Aus dem weichen Wolkenhaus
  - Mit den Händen ein Dach auf dem Kopf darstellen -
schaut die Katze Miez heraus,
  - Mit Daumen und Zeigefinger eine Brille formen und vor die Augen halten -
läuft mal rauf und auch mal runter,
  - Mit den Fingern den Arm rauf und runter laufen -
knurrt und schnurrt vergnügt und munter,
geht zurück ins Wolkenhaus,
  - Dachdarstellung wie oben -
ruht sich dort ganz lange aus.
  - Hände falten und den Kopf auf den Handrücken legen -
Aus dem weichen Wolkenhaus
schaut vergnügt die Maus heraus,
trippelt hin und trippelt her,
auch das Kuscheln liebt sie sehr,
geht zurück ins Wolkenhaus,
ruht sich dort ganz lange aus.
  - Bewegungen wie oben -

Hallo, kleiner Wal

Text und Musik: Detlev Jöcker

Refrain: Hallo, kleiner Wal...

2. Du stößt nach hinten immerzu
mit deiner ganzen Kraft.
Es klappt so gut, daß du es gerne
gleich noch einmal machst.

Refrain: Hallo, kleiner Wal...

3. Du stößt nach hinten und nach vorn
zugleich, und das im Takt.
Es klappt so gut, daß du es gerne
gleich noch einmal machst.

Refrain: Hallo, kleiner Wal..

4. Bald schwimmst du schon und ganz
allein
zu deinem Freund Delphin,
um dann mit ihm den ganzen Tag
durch's große Meer zu ziehn.

Refrain:
Hallo, kleiner Wal,
lebst im weiten Meer.
Endlich kannst du schwimmen,
und das ist gar nicht schwer.

● Spielvorschlag zum Lied

Das Lied erzählt die Geschichte von dem kleinen Wal, der schwimmen lernen will. Kinder lieben Figuren, mit denen sie sich identifizieren können. Um so eher sind sie bereit, das nachzumachen, was solch eine Figur vormacht. So können die Kinder im Schwimmbecken diese Geschichte nachspielen und dabei Schwimmbewe-

gungen üben. Nach jeder gesungenen Strophe kann man zu dem Kind sagen: „Hallo, kleiner Wal, jetzt zeig mir (uns) doch einmal, wie schön du die Bewegungen schon gelernt hast!"
Nachdem das Kind dann die Bewegungen noch einige Male wiederholt hat, wird die nächste Strophe gesungen.

Allgemeines:
Schwimmen und Spielen im Element Wasser gehören zu den Aktivitäten, die Kinder besonders gerne ausüben. Das Schwimmenlernen sollte über drei Schritte aufgebaut werden.
1. Spielerische Wassergewöhnug durch entsprechende Spielformen.
2. Wasserbewältigung in Form von Tauchen, Springen, Gleiten usw.
3. Wassersicherheit erreichen durch geübte Schwimmbewegungen zu Brust- oder Kraulschwimmtechniken.
Hier werden nun einige Spiele vorgestellt, die die Kinder ideal auf das Schwimmenlernen einstimmen und vorbereiten.

• Wasserspiele zu Hause

- Das Waschbecken mit Wasser füllen, das Gesicht ins Wasser eintauchen, ein Lied singen oder etwas rufen.
- Beim Duschen das Gesicht in den Wasserstrahl halten und singen oder sprechen.
- Mit dem Gesicht und dem Kopf in der Badewanne untertauchen.

• Wasserspiele im Schwimmbecken

- Durch das Wasser schleichen, laufen, rennen, im Kreis, hin und her oder auch durcheinander laufen.
- Hindernislaufen.
- Wettlaufen.
- Auf- und Niederhüpfen.
- Unter etwas her tauchen.
- Sich zu zweit an den Händen fassen und abwechselnd untertauchen.
- Untertauchen und wie die Fische singen.
- Gegenstände aus dem Wasser holen.

- Untertauchen und die Augen öffnen.
- Auf- und Niederhüpfen im Wasser.
- Vom Rand des Beckens ins Wasser springen. (Vorerst werden noch die Hände des Kindes festgehalten.)
- Über einen Gegenstand (Stock, Hand usw.) ins Wasser springen.

• Weitere Wasserspiele

Materialangabe:
- jedes teilnehmende Kind bringt ein Wassertier mit
- für jedes teilnehmende Kind eine Schwimmhilfe (Styroporschwimmbrett)
- mehrere kleine Plastikbälle
- mehrere Reifen
- Kassettenrekorder mit Musik
- eine Pfeife

Spielvorschläge:
- Jedes Kind steht mit seinem Wassertier am Beckenrand. Auf ein Zeichen hin (Pfeife) lassen sie die Tiere schwimmen. Durch Planschen mit den Händen geben sie ihren Tieren Antrieb.
Die Tiere müssen den anderen Beckenrand erreichen.
- Alle Tiere schwimmen auf dem Wasser. Auf ein Zeichen hin müssen nun die Kinder ihr Tier ans Ufer zurückholen.
- Die Kinder bekommen nun kleine Bälle, die sie durch Reifen werfen (Darstellung von Delphinen).
- Die Kinder können zwischendurch immer einen Wassertanz machen. Nach Musik bewegen sie ihre Körper im Wasser.
- Die Kinder sind nun die Fische. Sie werden auf das Styroporbrett gelegt und gezogen oder geschoben.

„Der fliegende Fisch".

Die Erwachsenen stehen sich paarweise gegenüber und halten sich an den Händen. Sie stellen sich dicht nebeneinander in einer Reihe auf. Ein Kind wird auf die Hände gelegt und immer schubweise nach vorne geworfen. Am Ende plumpst es ins Wasser oder wird von einem Erwachsenen aufgefangen.

Literaturhinweis: „Anfänger Schwimmen", Kurt Wilke, RoRoRo Verlag

● Pitsch und Ina

Mitten im Wald, in einem kleinen Teich, lebt Pitsch, der Frosch. Er hat eine Lieblingsbeschäftigung, das Schwimmen.
Flink wie ein Fisch saust er durch den Teich. Dabei bewegt er seine Beine so wild, daß er den anderen Teichbewohnern dicke Wassertropfen ins Gesicht spritzt.
Pitsch ist ein Superschwimmer. Er kann auf dem Rücken, auf der Seite und auch auf dem Bauch schwimmen. Er kann tauchen und sogar kopfüber von einem dicken Stein springen, der direkt am Ufer liegt.
Pitsch hat eine Freundin. Sie heißt Ina und ist eine kleine, süße Kröte. Ina hat jedoch ein großes Problem. Sie hat große Angst vor dem Schwimmen im Teich. Ihr einziger Planschplatz ist eine handtellergroße, flache Pfütze. In der sitzt sie jeden Tag und macht immer wieder Schwimmübungen.
Aber richtig schwimmen in dem tiefen Teich, nein, das traut sie sich nicht.
Bewundernd schaut Ina dem mutigen Pitsch zu, wie er nur so durch das Wasser flitzt. Ihr größter Wunsch ist es, einmal so mutig zu sein wie Pitsch. Dann würde sie ins Wasser springen und einfach losschwimmen.
Einige Wochen vergehen, und plötzlich, eines Morgens, verspürt Ina Mut. Sie will jetzt unbedingt ihre Schwimmübungen im Teich ausprobieren.
Sie stellt sich direkt am Teich auf einen dicken Stein und schließt die Augen. Dann holt Ina dreimal tief Luft und springt ins kühle Wasser.

Hier kann der Erzähler eine Pause einlegen, und die Kinder fragen, wie es der Kröte Ina ergangen ist.

Zuerst bekommt Ina einen großen Schreck, doch dann macht sie einfach die Schwimmbewegungen, die sie in den letzten Wochen immer wieder geübt hat. Es ist nicht zu glauben, aber Tina schwimmt tatsächlich quer durch den Teich. Endlich kann sie schwimmen. Völlig erschöpft, aber überglücklich, krabbelt sie am anderen Ende des Teiches aus dem Wasser. Pitsch, der Frosch, steht am Ufer und hat alles ganz genau beobachtet.
Er klatscht laut Beifall und ruft: „Siehst du", sagt er, „mit ein wenig Mut klappt alles gleich nochmal so gut!"

Hinweis:
Um eine angenehme Kuschelatmosphäre beim Vorlesen zu schaffen, sollte die Geschichte in einem Raum erzählt werden, der mit Matratzen, Kissen und Decken ausgestattet ist. Die Kinder können nun die Geschichte malen. Damit diese noch einmal in ihre Erinnerung zurückgeholt wird, kuscheln die Kinder sich in die Decken und bei leiser Musik träumen sie nun von Ina und Pitsch.

• Angelspiel

Fische aus Styropor
Material:
- Styroporplatten
- für jedes Kind ein Messer
(Die Kinder müssen im Umgang mit dem Messer angelernt werden.)
- Wasserfarbe und Pinsel
- Blumendraht
- Stock, Band, Schere
- Tesaband

Arbeitsvorgang:
Viele große und kleine Fische aus dem Styroporstück ausschneiden und anmalen. Aus dem Blumendraht wird ein Haken durch die Fische gezogen. Nun macht man aus dem Stock, dem Band und dem Blumendraht eine Angel. Endlich können die Fische in einem Becken schwimmen und geangelt werden.

Schwammfische für die Badewanne
Aus großen Schwämmen werden Fische geschnitten, die man dann mit in die Wanne nehmen kann.

Fischmobile aus bunten Topfschwämmen
Bunte Stoffschwämme mit Filzresten bekleben. Mit Flossen, Schwänzen, Schnäbeln entsteht aus dem Schwamm ein Fisch. Die Fische werden zu einem Mobile aufgehängt.

Korkdruck
Ein Stück Stoff mit Korken und Stofffarbe bedrucken. Darauf malen die Kinder Flossen usw. Der Stoff wird gebügelt. Fertig ist das Deckchen.

• Finger- und Bewegungsspiel
„Viele kleine Fische"

Viele kleine Fische
schwimmen hin und her,
schwimmen auf und nieder,
das gefällt ja sehr.
- *Die Finger zappeln wie im Text beschrieben* -
Schwimmen auch im Kreise,
- *Die Hände werden kreisförmig bewegt, wobei die Finger zappeln* -
schwimmen in ein Rohr,
schwimmen immer tiefer,
- *Eine Hand wird in die Hüfte gestemmt, die andere wird durch die entstandene Öffnung geführt (Finger zappeln)* -
kommen all' hervor.
- *Beide Hände werden nach oben geführt (Finger zappeln)* -
Da ist eine Muschel,
- *Eine Hand wird halb geschlossen* -
dort schwimmen sie hinein,
- *Die andere Hand wird mit zappelnden Fingern dort hineingeführt* -
kuscheln sich zusammen
- *Die eine Hand umschließt die andere* -
und schlafen dabei ein.
- *Die Hände werden flach aufeinander gelegt und der Kopf wird auf die Hände gelegt* -

Nach der Melodie von „A, a, a, der Winter, der ist da"

A, a, a, der Regen, der ist da

Text: Ingrid Biermann / Musikbearbeitung: Detlev Jöcker

A, a, a, der Re-gen, der ist da.

Zieh mir mei-ne Stie-fel an, da-mit ich drau-ßen

spie-len kann. A, a, a, der Re-gen, der ist da.

2. E, e, e, der Regen tut nicht weh.
Springe gerne in die Pfütz',
setz mir dann auf die Regenmütz'.
Ja, e, e, e, der Regen tut nicht weh.

3. O, o, o, der Regen macht mich froh.
Bau mir eine Burg aus Sand
und nehm die Matsche in die Hand.
Ja, o, o, o, der Regen macht mich froh.

4. U, u, u, jetzt weiß ich, was ich tu.
Regen, Wind und Sonnenschein,
die lade ich zum Spielen ein.
Ja, u, u, u, jetzt weiß ich, was ich tu.

● Regenwetterspiel zum Lied

Ein Regenwetterlied, das gute Laune macht. Motiviert durch dieses Lied machen nun alle mit Regenkleidung ausgerüstet einen Regenspaziergang. Eimer, Schüppen, Boote und andere Wasserspielsachen können mitgenommen werden.
Merke: Es gibt kein schlechtes Wetter, es gibt nur falsche Kleidung.

Das Zahlenlied

Text: Petra Beckers / Musik: Anke Jöcker

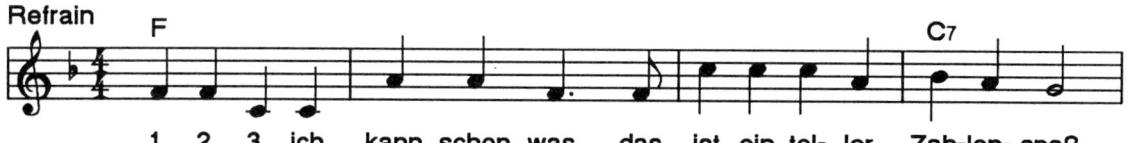

Refrain F ... C7

1, 2, 3, ich kann schon was, das ist ein tol- ler Zah-len- spaß.

gm C F C7 F

Komm, mach mit und du wirst sehn, wir zäh- len gleich bis 10. 5

C **Strophe** F C F

Fin- ger sind an je- der Hand. 10 Fin- ger sind es ins- ge- samt.

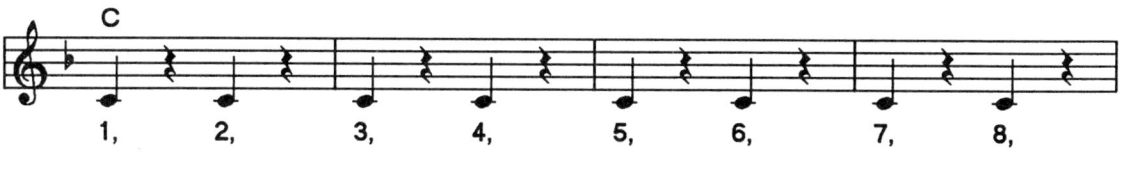

C

1, 2, 3, 4, 5, 6, 7, 8,

C7 F C F

9, 10, so ein- fach kann das gehn.

2. 5 Zehen sind an jedem Fuß.
10 Zehen, die ich zählen muß.
1,2,3,4,5,6,7,8,9,10,
so einfach kann das gehn.

Refrain:
1,2,3, ich kann schon was,
das ist ein toller Zahlenspaß.
Komm, mach mit,
und du wirst sehn,
wir zählen gleich bis 10.

3. So viele Bilder an der Wand
und bunte Förmchen in dem Sand.
1,2,3,4,5,6,7,8,9,10,
so einfach kann das gehn.

Refrain:
1,2,3, ich kann schon was...

● Spielvorschlag zum Lied

Besonders gut kann man dieses Lied mit Kindern im Badezimmer während der Körperpflege singen und spielen. Auch in den warmen Jahreszeiten, wenn die Kinder barfuß herumlaufen, macht das Zehen zählen großen Spaß.

   - Das Kind streckt seine geöffneten Hände mit den Handinnenflächen nach oben vor sich hin -

1. 5 Finger sind an jeder Hand.
   - Nacheinander alle fünf Finger einer Kinderhand antippen -
   10 Finger sind es insgesamt.
   Nacheinander alle fünf Finger der andere Kinderhand antippen -
   1,2,3,4,5,6,7,8,9,10,
   - Bei jeder gesungenen Zahl noch einmal nacheinander alle Finger antippen
   so einfach kann das gehn.
   - Rhythmisch in die Hände klatschen -

2. 5 Zehen sind an jedem Fuß.
   10 Zehen, die ich zählen muß.
   1,2,3,4,5,6,7,8,9,10,
   so einfach kann das gehn.
   - Bewegungen wie bei Strophe 1 -

3. Ob viele Bilder an der Wand,
   ob bunte Förmchen in dem Sand.
   - Auf irgendwelche Gegenstände zeigen -
   1,2,3,4,5,6,7,8,9,10,
   - Bei jeder gesungenen Zahl auf einen der Gegenstände zeigen -
   so einfach kann das gehn.
   - Rhythmisch in die Hände klatschen -

● Lustiges Zahlenfingerspiel

„Komm her, ich denk mir etwas aus"

Komm her, ich denk mit etwas aus
und zeige dir ein Mäusehaus.
   - *Mit den Fingerspitzen ein
   Dach formen -*

Fünf Mäuse wohnen hier allein,
die finden dieses Haus sehr fein.
   - *Mit den Fingern zappeln -*

Die ERSTE ist die faule Maus,
schaut immer nur zum Fenster raus.
   - *Mit Zeigefinger und Daumen
   einen Kreis formen und durch
   diesen schauen -*

Die ZWEITE ist der Mäusekoch
und rührt die Suppe immer noch.
   - *Mit den Händen Rührbewegungen
   machen -*

Die DRITTE macht die Wohnung rein,
das kann sie wirklich sehr, sehr fein.
   - *Mit den Händen Putzbewegungen
   machen -*

Die VIERTE denkt sich etwas aus.
ja, das ist uns're schlaue Maus.
   - *Mit dem Zeigefinger an die
   Stirn tippen -*

Die FÜNFTE, unsere Kleine,
macht gern die Schuhe reine.
   - *Mit den Händen Schuhputzbewegungen
   machen -*

Alle Fünf, sie krabbeln munter,
die lange Treppe rauf und runter.
   - *Mit allen Fingern über den
   Arm wandern -*

Hinweis:
Die Kinder können die Zahlen mit ihren
Fingern zeigen oder die Bewegungen zu
dem Text machen.

● Spiele mit Zahlenkarten

„Zahlen- und Bewegungsturnen"

Es werden große Karten mit den Zahlen 1 bis 5 angefertigt.

1 = laufen
2 = in die Hocke gehen
3 = hinlegen
4 = hinsetzen
5 = stehenbleiben

Die Karten zeigen die Bewegungen an, die die Kinder ausführen sollen.
Die Zahl 1 wird zwischendurch immer wieder eingesetzt, damit die Kinder laufen. Die anderen Zahlenkarten werden je nach Belieben eingesetzt.

● Zahlenspiele am Tisch

„Der Zahlenheini"

Jedes Kind bekommt ein Blatt, einen Stift und einen Würfel. Die Kinder bestimmen eine Zauberzahl und würfeln der Reihe nach. Wer die Zauberzahl gewürfelt hat, darf ein Körperteil malen (Kopf, Hals, Bauch, Beine, Arme, Füße, Hände). Wer seinen Zahlenheini zuerst fertig hat, kann ihn bunt malen. Die Zauberzahl kann zwischendurch geändert werden.

„Der Zahlenlauf"

Material:
Zahlenkarten mit den Zahlen
von 1 bis 5

Die Kinder bekommen eine Zahlenkarte umgehängt und sitzen in der Hocke. Der (die) Spielleiter(in) ruft eine Zahl. Das Kind mit der Zahl läuft, hüpft, stampft so lange durch den Raum, bis eine andere Zahl genannt wird.
Tip: Man kann jeweils die gleiche Zahl zweimal verteilen, so daß eine größere Anzahl von Kindern teilnehmen kann.

„Zahlenpaare suchen sich"

Den Kindern werden Zahlenkarten mit den Zahlen von 1 bis 5 umgehängt. Jede Zahl wird zweimal vergeben. Der Spielleiter ruft eine Zahl. Die Kinder, die diese Zahlenkarte haben, kommen zusammen und laufen, springen oder hüpfen durch den Raum. Es werden nacheinander alle Zahlen aufgerufen. Das Spiel wird so oft durchgeführt, bis alle Kinder laufen.
Danach ruft der Spielleiter erneut nacheinander alle Zahlen auf. Die Paare mit der aufgerufenen Zahl setzen sich. Das Spiel ist beendet, wenn alle Kinder ihren Platz wieder eingenommen haben.

„Zahlenmonopoly"

Aus einer Pappe werden 10 quadratische Karten ausgeschnitten, wenn die Zahlen 1 bis 5 gelernt werden sollen. (Bei den Zahlen 1 bis 10 würden dann 20

Karten benötigt.) Auf jeweils zwei Karten schreibt man die Zahl 1, auf die nächsten zwei Karten die Zahl 2 usw. Und schon können wir Zahlenmonopoly spielen. Wenn die Kinder dieses einfache Spiel beherrschen, werden nochmal 10 Karten mit den Zahlen beschriftet, jetzt aber mit einer anderen Farbe. Dann kommen 20 Karten ins Spiel.

„Die Zahlenhand"

Die Monopolykarten können auch bei diesem Spiel eingesetzt werden. Alle Kinder legen eine Hand mit der Handinnenfläche nach unten auf den Tisch. Nun schiebt der Spielleiter eine Karte unter die Hände der Kinder. Die Zahlen liegen unten und sind somit nicht sichtbar. Nun müssen die Kinder ihre Karten so anheben, daß die anderen die Zahl nicht sehen können. Wenn die Kinder ihre Zahl erkannt haben, müssen sie sich diese merken und legen anschließend ihre Hand wieder auf die Karten. Dann spricht der Spielleiter den Vers:

1,2,3,4,5,6,7,
wie ist deine Zahl geschrieben?

Dabei tippt er auf die Hand eines Kindes. Dieses muß nun seine Zahl nennen und dann die Karte umdrehen. Stimmt die Zahl, darf das Kind die Hand vom Tisch nehmen.
Stimmt die Zahl nicht, muß es die Karte an den Spielleiter zurückgeben. Dieser schiebt dem Kind dann eine neue Karte unter die Hand.

• Malen mit Zahlen

Sprechen:
Kommt, laßt uns mit Zahlen malen,
vieles kann man schon erahnen.
Es macht Spaß, ihr werdet's sehn,
Zahlen malen ist sehr schön.

Herr Ribbel von der Waterkant

Text: Heinz Beckers / Musik: Detlev Jöcker

Refrain:
Herr Ribbel von der Waterkant,
der macht so allerlei,
erzählt Geschichten, die sind toll,
und schwindelt gern dabei.

2. Ein Elefant, der sah einmal
mit einer süßen Maus
aus einem kleinen Mauseloch
vergnügt und heiter raus.

Refrain: Herr Ribbel von der Waterkant...

3. Ein großer Fisch, der sprang einmal
aus einem See heraus
und sprach: „Ich fahr' jetzt mit dem Rad
auf einen Berg hinauf."

Refrain: Herr Ribbel von der Waterkant...

4. Ein Segelschiff, das fuhr einmal
im wilden Sturm umher.
Ein Floh warf seine Angel aus
und zog es aus dem Meer.

Refrain: Herr Ribbel von der Waterkant...

• Spielvorschlag zum Lied

Wie sieht „Herr Ribbel von der Waterkant" eigentlich aus? Einen großen
Schlapphut aufgesetzt, einen Bart angemalt oder geklebt, einen Regenmantel
umgehängt, Gummistiefel angezogen,
schon steht er da und spielt mit. Beim
Refrain überlegt er angestrengt. Die
unglaublichen Geschichten, die in den
Strophen erzählt werden, spielt „Herr
Ribbel" pantomimisch nach.

● Eine spannende Reimgeschichte

Eines Morgens kam ich aus dem Haus,
und über den Weg lief eine... *Maus.*
Ich bekam einen Schreck
und lief ganz schnell... *weg.*
Ich lief über die Brücke,
da stach mich eine ... *Mücke.*
Ich weinte vor Schmerz,
und es klopfte mein ... *Herz.*
Doch dann ging ich heiter
immer ... *weiter.*
Plötzlich knickte ich um,
oh, wie war das ... *dumm.*
Ich
fiel
auf
einen Stein
und verletzte mein ... *Bein.*
Jetzt war auch noch
in der Hose ein ... *Loch.*
Ich konnte nicht stehn,
erst recht nicht mehr... *gehn,*
ich dachte, oh Graus,
jetzt ich alles ... *aus.*
Da kam mein Papa,
und ich rief laut: *„Hurra!"*
Er brachte mich nach Haus,
endlich ist diese Geschichte ... *aus.*

● Eine geräuschvolle Geschichte

In meinen letzten Sommerferien fuhr ich mit dem **Zug** zu meiner Tante Grete in die Ferien. Sie hat einen Bauernhof mit vielen Tieren. Dort konnte ich jeden Tag die **Schafe** auf die Weide führen, **Hühner** und **Katzen** füttern und die **Kühe** melken. Das machte mir viel Spaß. Aber am liebsten saß ich auf einem großen, schwarzen **Pferd.** Es hieß Zorro. Mit ihm ritt ich jeden Tag mehrere Stunden durch Wälder und über Wiesen. Mit mir lief der **Hund.** Er hieß Bello und war mein bester Freund. Wenn es Abend wurde, holte Onkel Paul den **Trecker** aus dem Stall und wir fuhren zu den **Schafen.**
Wir brachten sie auf den Anhänger und fuhren sie zurück in den Stall. Mein Freund **Bello** saß brav auf dem Sitz des **Treckers.** Abends spielten wir noch Karten und danach ging ich müde ins Bett.

Hinweis:
Die fehlenden Worte werden durch die passenden Geräusche und pantomimischen Bewegungen dargestellt.

• Die merkwürdige Geschichte vom Ritter Eisenhart

Das stimmt!!!

Auf einer großen, alten Burg lebte vor vielen Jahren Ritter Eisenhart. Er war schon 99 Jahre alt, doch noch genauso stark und tapfer wie die jungen Ritter. Er hatte ganz merkwürdige Gewohnheiten. Er schlief nicht in einem weichen Bett, sondern in einer großen Badewanne aus Eisen. Er aß nicht von feinen Porzellantellern, sondern von Eisentellern, und er trank seinen Kaffee nicht aus einer schönen Tasse, sondern aus einem alten Becher aus Eisen. Er wurde deshalb von allen anderen Rittern Ritter Eisenhart genannt.

Nun aufgepaßt. Hier haben sich viele Fehler eingeschlichen!!!

Jeden Morgen, wenn der Bär krähte, wurde er aus seinen Träumen gerissen. Sofort lief er nach draußen und sprang kopfüber in den kochendheißen Burgteich. Darin ritt er einige Runden. Wenn er aus dem heißen Teich kam, schüttelte er sich einige Male und rubbelte seinen nassen Körper mit einer weichen Drahtbürste trocken. Jetzt war er fit für den ganzen Tag. Er zog seine Ritterrüstung an und gestiefelt und gespornt ging er dann unter den Frühstückstisch. Es gab köstliche Sachen z. B. Kartoffelgelee, Tintenmilch und knuspriges Steinbrot. Dazu aß er jeden Morgen ein schönes, dickes Hundeei. Nachdem er sich so richtig satt gegessen hatte, konnte er den morgendlichen Ritt durch seine Seen wagen. Er holte sein Schaf aus dem Stall, sattelte es und ritt los. Heute wollte er Regenwürmer jagen. Als er an der Stelle im Wald angelangt war, wo besonders viele zu finden waren, stieg er leise von seinem Schaf, schlich lautlos von einem Baum zum anderen und hielt Ausschau mit seinen noch sehr guten Augen.

Ritter Eisenhart war jetzt ganz, ganz leise. Er wagte kaum zu atmen. Plötzlich bewegten sich die Büsche, die direkt vor Eisenhart standen, und zwei dicke, fette Regenwürmer kamen heraus. Er schlich langsam und leise auf sie zu und fing sie mit seinem langen Seil. Jetzt hatte er für sein Mittagessen gesorgt. Eisenhart packte die Regenwürmer auf sein Schaf und schwamm zur Burg zurück. Dort wartete schon seine Köchin Martha auf ihn. Als sie die Regenwürmer sah, freute sie sich, denn solche fetten Würmer hatte Eisenhart schon lange nicht mehr mit nach Hause gebracht.

Sie bereitete eine gutes Mittagessen zu. Nach dieser köstlichen Mahlzeit legte Eisenhart sich in seine Badewanne und hielt einen langen Mittagsschlaf.

Hinweis:

Die Kinder müssen bei dieser Geschichte gut aufpassen. Jedes Kind bekommt eine Schütteldose (Joghurtbecher mit Deckel, der mit kleinen Steinen gefüllt ist). Wird in der Geschichte etwas falsch erzählt, müssen die Kinder ganz laut schütteln und den Fehler verbessern.

● Eine lückenhafte Geschichte

Eines Morgen, als die helle ..... aufging, machte ich mit meinem bellenden ..... einen langen Spaziergang. Weil jedoch weit hinten am blauen ..... schon dunkle Wolken zu sehen waren, nahm ich vorsichtshalber meinen ..... mit. Vergnügt spazierte ich los. Plötzlich raste ein großes, rotes ..... an mir vorbei, und ich bekam einen riesigen ..... Ich setzte mich erst einmal auf einen dicken ...., um mich von diesem ..... zu erholen. Jetzt suchte ich mir einen anderen Weg aus. Ich lief über eine schöne, grüne ..... Da wuchsen viele rote, gelbe, blaue und weiße ..... In der Ferne sah ich einen dicken, alten ..... Dort ging ich hin und setze mich in seinen Schatten.

Ich holte aus meinem Rucksack meine Flasche mit kühlem ....., packte meine leckeren ..... aus und ließ es mir gut schmecken. Zur Nachspeise aß ich noch einen saftigen ..... Jetzt hatte ich Lust auf ein kurzes, erholsames ..... Ich legte mich hin und schloß die ..... Ich hörte jetzt nur noch die zwitschernden ..... Schon nach kurzer Zeit schlief ich ein. Doch plötzlich wurde ich von einem lauten ..... geweckt. Ich öffnete die Augen und sah über mir eine dicke, schwarze ..... Die ersten ..... machten mich naß. Schnell nahm ich meinen ..... und lief mit meinem laut bellenden ..... nach Hause.

Als wir zu Hause waren, gab es ein fürchterliches ..... Mein bellender ..... und ich waren froh, in der trockenen Stube zu sitzen. Gemeinsam schauten wir durch das ..... und beobachteten an den Fensterscheiben die vielen .....

Hinweis:
Die Kinder setzen während des Erzählens die fehlenden Worte ein. Der Erzählende kann die fehlenden Worte auch pantomimisch vorspielen, dann fällt den Kindern das Raten leichter.

• Die spaßige Geschichte von Hipp und Hopp

HIPP und HOPP sind zwei Hasen. Sie sind Zwillinge und leben zusammen mit ihrer Familie und vielen anderen Hasen in einem Streichelzoo. HIPP und HOPP haben noch einen Bruder und eine Schwester. Doch mit diesen verstehen sich HIPP und HOPP nicht so gut. Sie streiten sich von morgens bis abends. Die Haseneltern sind darüber oft sehr traurig. Manchmal schimpfen sie mit HIPP und HOPP, und dann sitzt HIPP brummig in der einen Ecke und HOPP in der anderen. HIPP und HOPP sind beide sehr zappelig. Sie können niemals still sitzen. Immer fällt ihnen etwas ein, womit sie ihre Eltern ärgern können. Manchmal wackeln HIPP und HOPP ununterbrochen mit den Ohren, ein anderes Mal wedeln HIPP und HOPP so stark mit ihren Schwänzen, daß eine Staubwolke hochsteigt. Hin und wieder springen HIPP und HOPP wild über ihre Freßschalen, wobei sie ihr ganzes Futter durcheinanderwirbeln.

HIPP und HOPP sind wie zwei gute Freunde. Sie machen alles gemeinsam. Morgens hoppeln HIPP und HOPP durch den Streichelzoo, mittags fressen HIPP und HOPP aus einem Napf knackig frische Möhren und abends schlafen HIPP und HOPP in einem Bett.
Da sie fast gleich aussehen, versuchen sie oft, ihre Mutter zu verulken. Ruft die Mutter HIPP, dann kommt HOPP und ruft sie HOPP, dann kommt HIPP. Die Mutter muß schon sehr genau hinsehen, wer gekommen ist, denn die beiden unterscheiden sich nur dadurch, daß HIPP kürzere Ohren hat als HOPP. Wenn ihnen der Spaß gelungen ist, lachen HIPP und HOPP ganz laut. Weil aber ihre Mutter Spaß versteht, lacht auch sie ganz herzlich mit HIPP und HOPP.

Hinweis:
Bei dem Wort „Hipp" stehen die Kinder auf und bei dem Wort „Hopp" setzen sie sich wieder.

Das Spiel ist nun zu Ende

Text: und Musik: Detlev Jöcker

Strophe C · dm · G7

Das Spiel ist nun zu En- de, wir rei- chen uns die

C · am · dm · G

Hän- de, und al- le Leu- te, groß und klein, die stim- men jetzt mit

G7 · C **Refrain** · F

ein: Auf- Wie- der- sehn, auf Wie- der- sehn, der Tag mit dir war

C · G7 · C

wun- der- schön! Auf- Wie- der- sehn, auf Wie- der- sehn, der

1.D7 · G · 2. G · C

Tag mit dir war schön! Auf- Tag mit dir war schön.

2. Bald sehen wir uns wieder
und singen neue Lieder.
Macht's gut, ihr Leute, groß und klein,
kommt, laßt uns fröhlich sein.

Refrain:
Auf Wiedersehn, auf Wiedersehn,
der Tag mit dir war wunderschön!
Auf Wiedersehn, auf Wiedersehn,
der Tag war wunderschön!

● **Spielvorschlag zum Lied**

Wenn der Refrain gesungen wird, gehen alle herum, geben sich die Hände, fassen sich im Kreis an die Hände, strecken die Arme nach oben und bewegen sie dann hin und her. Dann wenden sich alle einmal nach rechts und dann nach links zu ihren Nachbarn, nehmen sie in den Arm und drücken sie ganz fest.

● Der Abschiedstrunk

Die Kinder holen ihre Plastiktasse und einen Kaffeelöffel aus dem Korb. Das Spiel ist ihnen von dem „Guten-Morgen-Trunk" bekannt (s. Seite 8). Die Abschiedstasse füllen sie nun mit:

3 Tropfen „Abschiedstränen"
1 Schuß „Hunger für das Mittagessen"
4 Prisen „Vorfreude auf das Zuhause"
2 Schuß „gute Ideen für das Spiel am Nachmittag" usw.

Ist die Tasse gefüllt, wird alles umgerührt und getrunken.
Anschließend kann die leere Tasse als Instrument für den Abschiedssong benutzt werden. Sie wird einfach umgedreht. Nun können die Kinder mit dem Löffel im Takt auf den Tassenboden schlagen.

● Der Verabschiedungskuß
von Detlev Jöcker

Der Spielleiter geht nacheinander auf die Kinder zu und spricht und spielt den Vers:

Den Kuß auf meiner Hand,
  - *Einen Kuß auf die Fingerspitzen der Handinnenfläche geben -*
den puste ich zu dir.
  - *Den Kuß auf das Kind zupusten -*
Komm, fang ihn auf und halt' ihn fest,
  - *Das Kind springt hoch und fängt den Kuß mit einer Hand auf -*
ja, das wünsche ich mir.

Hinweis:
Wenn alle Kinder einen Kuß in den Händen halten, geben sie sich zum Abschied die „Kußhände".

Nach der Melodie von „Kommt ein Vogel geflogen"

Denn der Tag geht zur Ruh

Text: Ingrid Biermann / Musikbearbeitung: Detlev Jöcker

1. Trau- rig sitz ich im Krei- se und ich win- ke dir jetzt zu. Doch wir müs- sen nun ge- hen, denn der Tag geht zur Ruh.

1. Traurig sitz ich im Kreise
und ich winke dir jetzt zu.
   - Mit dem Tränentuch winken -
Doch wir müssen nun gehen,
denn der Tag geht zur Ruh.-
Sich mit dem Tuch die Augen reiben -

● Kreisspiel zum Lied

„Das Tränentuch"

Jedes Kind bekommt ein Stück Stoff (z.B. ein altes Bettuch). Mit Stoffmalstiften wird dieses Tuch schön bemalt und anschließend von links gebügelt.Die fertigen Tränentücher werden in einem großen Zylinder oder Hut aufbewahrt. Beim Abschiedskreis wird er in die Mitte gestellt. Ein Kind verkleidet sich als Zauberer und spricht den Abschiedsspruch. Dabei macht es mit dem Zauberstab kreisende Bewegungen über dem Zylinder und sagt:

2. Und ich geb dir zum Abschied
schnell noch einen lieben Kuß.
   - Jeder gibt sich auf die eigene Hand
   einen Kuß und pustet ihn zu einem
   anderen Kind -
Doch ich muß leider weinen,
weil ich Abschied nehmen muß.

„Hokus, pokus, eins, zwei, drei,
jetzt ist die schöne Zeit vorbei.
Alle gehen nun nach Haus,
die Spielezeit ist leider aus.
Aus diesem Hut jetzt: Eins, zwei, drei,
geb ich die Tränentücher frei."

Der Zauberer zieht nacheinander die Tücher aus dem Hut. Die Kinder holen sich ihre Tücher und singen und spielen gemeinsam das Lied.

Nach der Melodie von „Hänsel und Gretel"

Hört, alle Kinder

Text: Ingrid Biermann / Musikbearbeitung: Detlev Jöcker

1. Hört al- le Kin- der, die ge- hen nun nach Haus.
Der Kin- der- gar- ten, der ist für heu- te

aus. Wir kom- men mor- gen wie- der, für heu- te war es

fein. Wir geh'n nach Hau- se und las- sen dich al- lein.

- Alle zeigen auf die Erzieherin. -

2. Aber schon morgen,
da sind wir wieder hier,
stehen schon früh
vor der Kindergartentür.
Wir spielen, basteln, malen
und singen dann mit dir.
    - Alle zeigen auf die Erzieherin. -
Wir freu'n uns auf morgen,
doch jetzt, da gehen wir.

3. Nun geben alle
hier sich zum guten Schluß,
schnell einen schönen
dicken Abschiedskuß.
    *- Alle küssen laut schmatzend ihre
    eigene Hand -*
Wir winken uns zum Abschied
dann alle noch mal zu.
Wir kommen morgen wieder
und hoffentlich auch du.
    - Alle zeigen auf die Erzieherin. -

● Kreisspiel zum Lied
„Abschiedsspinne"

Die Kinder stehen im Kreis. Ein Kind hält
ein Wollknäuel in der Hand. Es sagt zu
einem anderen Kind „Auf Wiedersehen"
und wirft diesem das Wollknäuel zu. Dabei hält es ein Ende des Knäuels fest. Das
Kind, das das Wollknäuel auffängt, hält
wiederum den Faden fest, sagt zu einem
anderen Kind „Auf Wiedersehen" und
wirft dem nächsten Kind das Knäuel zu.
Dieses Spiel wird nun so lange fortge-
setzt, bis jedes Kind den Faden in der
Hand hält und der Kreis von einem
„Spinnennetz" überspannt wird. Danach
singen alle das Lied. Anschließend sagen
die Kinder noch einmal zusammen „Auf
Wiedersehen" und lassen die Wollfäden
fallen.

Nach der Melodie von „Alle Vögel sind schon da"

Alle Kinder hier im Kreis

Text: Ingrid Biermann / Musikbearbeitung: Detlev Jöcker

1. Alle Kinder hier im Kreis wollen Abschied nehmen, sagen nun „Auf Wiedersehn", weil sie jetzt nach Hause gehn, winken sich noch einmal zu, reichen sich die Hände.

2. Alle Kinder hier im Kreis
wollen Abschied nehmen,
hüpfen, springen, schütteln sich,
stampfen, trippeln, setzen sich,
winken sich noch einmal zu,
reichen sich die Hände.

Alle Kinder halten sich an den Händen
und sagen gemeinsam: „Auf Wiedersehen!"